아산재단 연구총서 제386집

다문화가정의 미디어 이용과 사회적 자본의 관계

결혼 이주자를 중심으로

진 창 현

집문당

머리말

최근 한국 사회는 '다문화 현상'이라는 새로운 사회 문화적 패러다임에 직면하였다. 본 연구는 한국 사회의 한 축을 이루고 있는 다문화가정 구성원인 이주민 여성들의 대중매체 이용이 사회자본 형성과 어떤 관계를 맺고 있는지를 텔레비전, 신문, 인터넷, 모바일 등 매체 이용을 중심으로 파악하고자 한다. 이 연구의 목적을 달성하기 위해서 사회적 자본 개념을 재검토하고, 사회적 자본의 구성 요소인 신뢰와 사회적 연계성, 사회정치 참여 간의 관계도 논의하였다.

연구는 한국에 거주하는 이주민 여성들의 분포 비율을 고려하여 지역별로 할당하였으며 한국에 거주하는 이주민 여성을 대상으로 설문을 실시하였다. 설문지는 설문의 이해도를 높이기 위해 해당 국가 언어로 번역하여 실시하였다. 연구 결과를 보면, 주요 매체 이용량뿐만 아니라 각 매체의 장르적 이용 패턴이 사회자본 형성에 영향을 미친다는 것을 확인할 수 있다. 또한 사회 인구학적 배경 역시 사회적 자본 형성에 차이가 있음을 알 수 있고 신뢰와 사회적 연계성이 사회정치 참여에 영향을 주는 것을 알 수 있다.

| 차 례 |

Ⅰ. 서 론

Ⅱ. 이론적 배경

| 표 차례 |

| 그림 차례 |

Ⅰ. 서 론

Ⅰ. 서 론

제1절 연구의 배경 및 목적

현대 한국 사회에서 중요한 키워드 중 하나인 '다문화주의' 현상에 대한 현주소를 알아보는 것이 우선 과제이다. 다문화가정의 구성원의 미디어 이용 실태를 파악하여 대중매체 이용이 사회적 자본 형성에 어떤 역할을 하는지에 관한 분석도 병행되어야 한다. 이런 사회 현상과 분석을 통하여 다문화가정 구성원이 한국 사회에서 적응하고, 건강한 사회 구성원으로 성장할 수 있도록 제도적, 정책적 제안뿐만 아니라 미디어를 활용한 지원 방안을 모색하고자 한다.

1. 다문화 현상 및 동향

최근 들어 급격하게 늘어난 해외 이주민들로 인해 한국 사회에는 '다문화 현상'이라는 새로운 사회 문화적 패러다임에 직면하였다고 해도 과언이 아니다. 다문화주의(multiculturalism)는 문화다원주의를 표방하는 정치적, 이데올로기적 입장을 말할 뿐 아니라 정부가 시행하는 정책, 국민 통합의 이데올로기, 혹은 운동의 목표를 지칭한다(문경희, 2006). 세계 각 나라에서 채택한 '다문화주의' 정책은 국가별로 고유한 역사적 경험과 가치를 반영하고 있다. 따라서 다문화주의 정책은 국가의 독특한 역사적 맥락에서 다양한 목적과 이해관계를 갖고 출발하였다. 외국의 경우를 보면, 다문화주의에 대한 관심이 급증하면서 다문화주의를 정책적으로 채택한 경험이 있는 유럽, 미주, 호주 등의 사례가 많이 연구되고 있다(김현미, 2008). 다문화 사회의 형성 과정은 북미와 유럽의 경우로 나누어 설명할 수 있다. 먼저 미국과 캐나다는 국가 출범 단계에서부터 다양한 민족과 문화가 어우러져 국가를 이루게 된 경우이다. 유럽의 대표적인 다문화 사회 형성 국가는 영국, 프랑스, 독일 등인데 이들 국가는 자본주의의 발달과 세계화에 따른 외국인 노동자의 유입으로 인해 타국의 문화적 요소가 유입된 경우이다.

한국의 경우는 북미보다는 유럽의 다문화주의와 유사한 점이 많다고 할 수 있다. 국제 환경의 변화와 이에 따른 경제적 요인, 교통·통신의 발달에 따른 기술적 요인에 의해 국가 간 물질적·문화적·인적 교류가 활발해지면서 세계는 점차 다문화 사회로 진입하고 있다. 21세기의 열린 세계가 경험하는 다문화 사회화의 전이 추세는 한국도 예외는 아니다. 다문화 사회 속에서 어떻게 다양한 민족과 문화의 공존을 이룰 것인가 하는 문제는 한국 사회가 직면한 과제이자 우리 모두가 고민하고 해결해야 할 공통의 과업이 되었다.

2. 연구의 필요성

최근 결혼 이민자, 외국인 노동자 가정의 증가에 따라 한국에서 새로운 사회 쟁점으로 부각되는 것이 '다문화가정의 구성원인 이주 여성들과 그들의 자녀들이 한국 사회와 어떻게 통합하여 상호 공존해 나가는가'의 문제이다. 하지만 기존 우리 정부의 다문화 정책은 결혼 이민자의 한국 문화 적응 및 결혼 이민자와 그들 자녀의 한국 사회로의 정착 지원과 교육 등 특정 영역에 초점을 맞추어 왔다. 이에 대한 문제의식에서 출발하여 한국 사회 전반의 인식과 태도를 전환하고 이주민과 일반 시민들 간의 관계를 새롭게 정립하는 총체적이고 구체적이며, 다각적인 접근이 절실히 요구된다는 주장이 있을 정도로 매우 다양한 논의가 급속하게 발전되어 왔다(김이선, 김민정, 한건수, 2006; 윤인진, 2008; 최현실, 2007). 다양한 문화에서 비롯된 차이를 인정하기보다는 이주민을 노골적으로 한국 사회와 문화에 흡수, 통합하려는 동화주의적 입장은 그간 한국 다문화 정책의 골간이 되었다. 그러다 보니 다문화 사회가 한국 사회에 중요한 이슈로 등장하면서 대부분의 세부적인 지원 프로그램들이 다문화가정 구성원의 한국 사회 적응과 정착에만 집중되어 온 것이 사실이다. 따라서 전체 시민의 다문화 감수성을 증진시키고 이주민은 물론 내국인들의 다문화 현상에 대한 태도와 행동을 변화시키려는 노력이 부족했다(정의철, 이창호, 2010). 한국 정부의 지원 정책과 다문화가정 구성원의 한국 사회에 적응에 대한 연구가 활발하게 이루어지고 있지만 다문화가정 구성원의 미디어 이용에 대한 정책적 연구들을 뒷받침하는 노력은 미약한 상황이다. 더욱이 다문화가정 구성원의 미디어 이용이 사회적 자본 형성에 어떻게 영향을 미치는지에 대한 연구는 전무한 실정이다. 경제성장과 사회통합은 국가의 지속 가능한 발전을 위해 함께 추구되어야 할 과제이다. 이러한 사회적 인식을 바탕으로 경제성장과 사회통합을 동시에 추구하는 데 중요한 변인으로 신뢰(trust), 네트워크(network), 참여(participation) 등을 요소로 하는 사회적 자본(social capital)은 다문화가정의 미디어 이용과 활용을 사회 통합과 연계할 수 있는 중요한 단초를 제공한다.

3. 본 연구의 독창성 및 목적

기존의 다문화에 대한 연구는 한국의 독특한 다문화주의를 파악하여 정책적으로 활용하기 위한 연구가 많았고 다문화가정 구성원의 미디어 소비에 대한 연구는 거의 이루어지지 않았다. 본 연구의 주제와 관련된 선행 연구들은 주로 다문화 현상과 미디어 프로그램의 내용 분석 측면에만 국한하여 다루어졌다. 본 연구에서는 우리나라 다문화가정 구성원의 미디어 소비 형태를 다각적으로 분석하여 그들이 미디어를 어떤 목적으로 시청 및 이용하고 어떻게 소비하는지를 파악하고자 한다. 이런 다문화가정 구성원의 미디어 소비의 니즈(needs)에 대한 정확한 분석은 다문화가정 지원 정책, 미디어를 통한 교육 프로그램 및 미디어 콘텐츠 개발 등에 응용될 수 있을 것이다. 또한 사회적 자본과 다문화가정 구성원의 미디어 이용 동기와의 관계 파악은 다문화가정을 한국 사회에 잘 적응시키기 위한 교육은 물론 주류 문화에 접근 기회를 향상시키는 데 긍정적인 영향을 미칠 수 있을 것이다. 또한 사회적 자본 이론을 적용한 본 연구는 다문화가정 구성원이 한국 사회에 적응력을 높이고 삶의 질을 개선하여 진정한 다문화주의뿐만 아니라 사회 통합을 이루는 데 초석이 될 것이다.

다문화가정 구성원의 미디어 이용 실태 파악을 통하여 다문화 사회에서의 사회통합에 미디어의 역할은 무엇인지 탐색하고자 한다. 또한 다문화가정 구성원의 미디어 이용 동기와 사회적 자본 형성의 관계 분석을 통하여 다문화 사회 통합을 위한 미디어 교육 프로그램 및 콘텐츠 개발을 하는 데 바람직한 방향을 제시하고자 한다. 마지막으로 다문화가정 구성원이 주류 문화에 적응할 수 있도록 지원하는 미디어를 활용하여 효율적인 방안을 제시하고 미디어를 통한 다문화가정 교육 및 사회 통합에 필요한 사회 커뮤니케이션 역량 강화를 위해 제도 개선, 정책 향상을 위한 방안을 제시하고자 한다.

제2절 연구의 내용

본 연구는 다문화가정의 구성원에 대한 미디어 이용 실태를 파악하고, 대중매체 이용이 사회적 자본 형성에 어떤 역할을 하는지에 관한 분석을 통하여 다문화가정 구성원이 한국 사회에서 적응하고, 건강한 구성원으로 성장할 수 있도록 제도, 정책적 제안뿐만 아니라 미디어를 활용한 지원 방안을 제시하는 데 목적이 있다.

연구의 범위는 시간적, 공간적, 내용적 범위로 나누어 수행하였다. 시간적 범위는 연구 과제가 발효되는 시점인 2012년 7월 1일부터 2013년 6월 30일까지 총 1년으로 설정하였다. 또한 최근에 사회적 이슈로 등장한 다문화주의를 분석하기 위하여 북미와 유럽 국가의 사례를 분석하여 한국의 다문화주의와 비교 분석하였다. 다문화가정 구성원의 미디어 이용 목적을 파악하여 사회적 연결망과 사회적 자본 형성 과정을 파악할 것이다.

연구의 공간적 범위는 국내에 거주하는 이주민(다문화가정의 대부분을 구성하는 결혼 이주민에 초점을 맞춤, 이주노동자 제외)을 대상으로 하며 실증 분석을 위하여 농어촌 지역 및 도시에 거주하는 이주민을 대상으로 하였다.

연구의 내용적 범위는 총 5장으로 구성하였다. 제1장은 서론으로 다문화가정 구성원의 미디어 이용 동기와 사회적 자본 형성에 대한 연구의 필요성 및 목적 제시, 제2장은 다문화주의와 사회적 자본 그리고 미디어 이용에 관련된 문헌 연구, 제3장은 연구 방법, 제4장은 결과 분석, 제5장은 결론 및 시사점이다.

구체적으로 제1장에서는 다문화가정 구성원의 미디어 사용 실태를 통해 주류 사회 적응에 관한 연구의 필요성 및 목적을 기술하였다. 제2장에서는 그동안 진행된 다문화주의의 개념에 대한 국내외 논문 및 보고서 분석을 통해 한국적 다문화주의 현상을 파악하였다. 다문화주의의 개념적 접근과, 미디어 이용 실태 파악을 할 것이다. 미디어 이용 동기 측정 항목 개발을 위한 접근 방법을 위해 관련된 요인들을 검토하여 서술하였다. 또한 사회화하는 과정을 사회적 자본에 대한 문헌 고찰을 하고자 하며 사회적 자본의 하위 요소인 신뢰, 네트워크, 그리고 사회 참여 분석을 위한 개념과 요인을 검토하여 기술하였다. 제4장에서는 연구 과제의 전반적인 연구 방법 및 조사 분석에 대하여 설명하고 미디어 이용 목적 및 사회적 자본의 요소와의 관계 분석을 위한 용어의 조작적 정의, 설문 방법, 연구 방법을 구체적으로 기술하였다. 제5장에서는 실증분석 및 해석으로 조사 표본의 특성과 자료 분석을 토대로 샘플의 인구통계학적 특성 및 분석 결과를 기술하고 연구 문제에 대하여 논의를 하였다. 마지막으로 연구 과제의 결과의 의의, 미디어 교육 프로그램, 콘텐츠 개발 및 정책 방안을 제시하였다.

II. 이론적 배경

II. 이론적 배경

제1절 다문화주의에 대한 이론적 고찰

1. 다문화주의 등장 배경

'다문화주의(multiculturalism)'는 이제 공공 부문과 민간 부문, 학계와 시민단체, 일반인들 사이에서 널리 회자되는 용어가 되었다. 그러나 다문화주의 용어의 일반화가 곧 개념상의 통일성을 의미하지는 않는다. 즉 다문화주의라는 용어의 의미는 사용하는 사람에 따라, 분야에 따라, 학파에 따라, 그리고 국가에 따라 매우 다르며, 구체적으로 무엇을 의미하는지가 정확하지 않을 정도이다. 실제로 다문화주의라는 용어는 각국의 사정에 따라 다양한 의미 편차를 가지고 사용되기 때문에 일반적인 정의를 내리기는 쉽지 않다. 한승준(2008)은 다문화주의 개념을 보다 명확히 이해하기 위해서 공간적 수준을 세 가지 차원으로 분류하였다.

첫째, 세계적 차원에서의 다문화주의 논의이다. 이 경우 다문화주의 논의는 세계화와 밀접하게 연관된다. 경제와 무역의 자유화라는 세계적 흐름 속에서 개별 국가의 문화마저도 자유로운 무역의 대상이 되는 경우 자유시장적 경쟁력이 없는 문화가 소멸될 수 있는 위기 상황에서 개별 국가의 정체성을 확보하는 것이 절실히 요구된다. 이러한 문제를 해결하기 위해 처음으로 등장한 개념이 '문화적 예외(cultural exception)'이다. 또한 2005년 유네스코는 '문화다양성협약'을 통해 문화 다양성, 다양성의 공존을 토대로 한 인류의 발전을 강조하였다.

둘째, 지역적 차원의 다문화주의 논의이다. 유럽 통합과 연관해서 다문화주의 논의는 다양한 민족의 이해를 증진시키고 사회적인 관계와 의사소통을 원활하게 함으로써, 궁극적으로 '우리의식'까지 갖게 하려는 노력을 의미한다(오정숙, 2007). 이에 유럽연합은 '다양성의 통일'이라는 비전을 제시하며 거대한 문화 공동체를 형성하기 위해 문화 전 분야에 걸쳐 실험적인 문화 정책을 시행하고 있다(Frank, 2002).

셋째, 국내적 차원에서의 다문화주의 논의이다. 국내적 차원에서 다문화주의 논의는 국내의 통합 정책의 두 가지 측면에서 논의될 수 있다. 우선 지역주의와 관련해서 지역의 문화와 언어와 관계된 권리 혹은 지방자치와 관련한 지방의 자율성 보장에 대한 논의를 의미한다. 다음으로는 이민자와 관련한 다문화주의 논의로써 국가의 이민 정

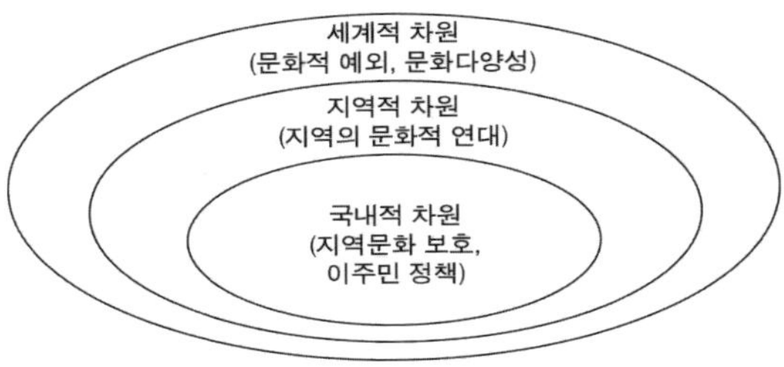

출처: 한승준(2008).

〈그림 2-1〉 공간적 차원에 따른 다문화주의 개념

책 및 이들에 대한 동화주의/다문화주의 정책에 관한 논의이다. 본 연구에서의 다문화주의 논의는 주로 국내의 이민자 관련 정책들을 의미한다.

다문화주의의 개념은 간단하게는 특정 지역의 기존 주류 집단이 다른 소수문화를 이해하고 인정하는 것이라고 할 수 있지만, 폭넓고 다양한 가치들을 반영하는 이념이기 때문에 한마디로 정의하기는 어렵다.

일반적으로 다문화주의란 용어는 인간 사회의 다양성, 인구학적이고 문화적인 다양화를 설명하기 위해 사용되며, 단순한 관찰을 넘어서는 현실을 지칭하는 것이며, 수많은 사회적·정치적·철학적 답변으로 연결된다(마르티니엘로, 윤진 역, 2002).

따라서 일각에서는 다문화주의가 이주자의 통합에서 시작해서, 이주민의 문화, 언어, 정치적 자치권에 대한 권리 주장, 나아가 철학, 문학, 예술에서 서양 전통의 근본원리를 가르치는 데 대한 논란에 이르기까지 매우 다양한 의미로 사용되기 때문에 사실상 의미를 상실했다고 주장한다(Benhabib, 1996).

이용승(2004) 역시 다문화주의는 국가나 인종, 민족 등의 거시적인 차원에만 국한된 것이 아니라 사회 내의 소외 계층이나 소수 인종, 또는 세대 간 갈등과 성 역할의 차이 등과 같은 미시적인 문제를 포함하는 매우 광범위한 주제이기 때문에 하나의 의미로 정의 내리기가 어렵다는 점에 동의한다. Kymlicka(1995)는 제도적 차원에서 다문화주의를 자유민주주의에 대한 광범위한 합의와 지지가 선결된 조건에서 다양한 문화적 주체들의 특수한 삶의 권리에 대한 제도적 보장이라고 정의하였다. Soysal(1994)은 보다 구체적으로 세계화 시대, 보편적인 인권에 대한 광범위한 합의와 지지를 토대로 비국적자 및 체류자격 미비자를 포함하는 방식이라 정의하였다.

반면 Zizek(1997)은 비판적인 관점에서 다문화주의란 다양한 문화의 평화로운 공존이 아니라, 구체적인 내용을 담고 있어야 할 자신의 입장은 그대로 유지하면서 특별한 공간 속에 다른 문화를 포용하겠다는 관점이며, 이는 일종의 인종차별주의라고 비판하였다. Inglis(1996)에 의하면, 다문화주의에 관한 공적 논의에서는 주로 '인구-기술적(demographic-descriptive)', '이념-규범적(ideological-normative)', '프로그램-정책적(programme-political) 관점이 있다. 인구-기술적 관점에서 다문화주의는 인종, 민족, 문화적으로 다원화된 인구학적 현상, 이념-규범적 관점에서 다문화주의는 사회문화적 다양성을 긍정적으로 인식하고 가치 있게 여기고 존중하려는 사회적 이념을, 프로그램-정책적 관점에서 다문화주의는 사회문화적 다양성을 보호하고 인종, 민족, 국적에 따른 차별과 배제 없이 모든 개인이 공평한 기회를 접할 수 있도록 보장하는 정부의 정책과 프로그램을 의미한다.

다시 말하면 다문화주의는 이주로 인한 다인종, 다문화적 주체들의 삶의 권리에 대한 제도적 보장을 위한 근거로, 다문화의 보장, 주류사회와 비주류 사회 간의 상호 이해의 촉진, 소수 민족 집단 간의 교류, 사회 평등 보장, 구조적 불평과 차별의 극복으로 사회 통합을 위한 방법이라고 정의할 수 있다.

이처럼 다문화주의(multi-culturalism)는 여러 유형의 이질적인 문화를 세계주의(cosmopolitanism)나 다원주의(pluralism)의 입장에서 유연하게 수용하자는 사상을 말하며, 일반적으로 인간 사회의 다양성, 인구학적이고 문화적인 다양화를 설명하기 위해 사용된다. 이는 다문화주의를 설명하는 광의의 개념으로 각각의 특수한 삶의 방식을 존중하며 공존할 수 있는 다원주의적인 사회·문화 제도로 정서적 인프라를 만들어 내기 위한 집합적 노력이라고 할 수 있다(오경석, 2007).

여기까지의 다문화주의에 대한 개념을 정리하자면, 다문화주의는 한 사회가 다양한 요소로 이루어졌음을 나타내는 소극적 의미와 함께 기존 주류 집단 내에서 다른 문화를 인정하거나 공감하는 것, 여기에서 나아가 이민자들의 문화를 보호하고 향유할 권리를 보장하는 적극적 의미를 모두 내포하고 있다. 그러나 우리나라의 현 시점에서 사용되는 다문화주의의 개념은 이주민이나 그들의 문화를 돌려 일컫는 말로써, 이는 한국의 다문화주의 논의가 아직 포괄적이고 적극적인 단계에까지 진행된 것이 아님을 보여 주며, 한국 사회가 단일한 요소로 이루어지지 않았음을 나타낸다고 할 수 있다(홍기원, 2009).

2. 다문화주의 개념

다문화주의가 내포하는 '문화'의 개념은 지극히 다의적이며 추상적인 개념이라서 이에 대한 학술적 목적의 개념 정의가 매우 어렵다. 문화의 개념이 갖는 태생적 복잡성 때문에 '다문화'의 내용도 학자들에 따라서 다양하게 논의된다. 따라서 단순히 다른 나라로부터 이주한 외국인이나 이들을 통한 여러 외국 문화가 자국의 문화에 흘러 들어가서 섞이는 현상만을 '다문화'로 한정하기는 쉽지 않다. 이러한 이유로 이은혜(2012)는 다문화주의에 대한 사전적 정의를 "여성문화, 소수파문화, 비서양문화 등 여러 유형의 이질적인 주변 문화를 제도권 안으로 수용하여 민족마다 다른 다양한 문화나 언어를 단일의 문화나 언어로 동화시키지 않고 공존시켜 서로 승인 및 존중하는 것을 목적으로 하는 사상, 운동, 정책"이라고 개념의 확장을 시도하였다. 하지만 근본적으로 다문화주의는 개인의 자유와 공동체주의를 강조하는 독특한 사회적 이데올로기로 설명할 수 있다.

다문화주의(multiculturalism)는 탈근대주의(Post-Modernism)에 대한 관심과 함께 역사적으로 부상된 개념으로 1960년대 말 서구의 시민권운동이 기폭제가 되어 1970년대를 전후해 본격적으로 사용되기 시작했다(김호연, 2011, 원숙연, 2008, 장의관, 2011). 다문화주의의 개념이 지금과 같이 일반화된 용어로 인식한 계기는 캐나다 연방정부가 과거 이민자에 대해 취했던 동화주의(assimilation) 정책 방향을 대신해서 소수 인종 집단이나 이민자들의 문화적 권리를 존중하고 정치적, 사회적, 경제적, 문화적 불평등을 없애려는 정책 목표를 지향하면서 비롯되었다(김호연, 2010; 최충옥 외, 2009). 이러한 체제에서는 이민자에게 굳이 출신 문화를 버리고 주류 문화에 동화하도록 요구하지 않으며 출신 문화를 유지하도록 지원하기도 한다. 하지만 다문화주의의 개념은 그 용어를 사용하는 개인, 집단, 국가에 따라서 그 의미가 매우 달라지는 특성을 갖고 있다(최무현, 2008; 한승준, 2008). 때문에 다문화주의 개념에 대한 혼란은 가중되고 있다. 다문화주의를 거시적 입장에서 살펴본다면 국정 철학이나 정치적 의제화의 차원에서 다룰 수 있을 것이며 미시적 입장에서 현실적인 차별을 개선하기 위한 보다 구체적인 정책적 제안을 내놓은 방편으로 이해할 수 있다(원숙연, 2008). 다문화주의를 후자와 같은 구체적 정책 방향에서 이해하더라도 포용과 제한의 범위는 제각각이 될 수 있다. 자유주의 시각에서는 다문화적 가치나 다양성을 인정하는 열린 입장을 갖더라도 정부가 정책적으로 앞장서서 이민 인구의 증가와 다문화적 가치 및 다양성을 확대하는 입장에 소극적일 수 있다. 이에 반해서 소위 비판적 다문화주의 시각은 인종적, 문화적 차이를 단순히 인정하는 것에서 그치는 것이 아니라 이질성의 증가로 인해 야기되는 사회경제적 불평등을 완화시키는 노력까지 도달해야 한다는 입장이다(원숙연, 2008; Hartmann & Gerteis, 2005).

다문화주의는 유사한 개념들과 혼동되기 쉬운데 대표적으로 문화적 다원주의(cultural pluralism)는 다문화주의와 구별되는 뚜렷한 속성을 지닌다. 문화적 다원주의는 국가 안의 다양한 집단들이 집단의 고유한 문화를 유지하면서 전체 사회에 참여하는 것을 말한다. 이는 단지 여러 집단이 공존하는 것이 아니라 이질적인 타 집단의 문화를 지배적인 문화 집단에서도 보유할 가치가 있다고 인정하는 것이라고 본다. 다문화주의와 대비되는 개념으로 단문화주의(mono culturalism)나 더 강력하게 문화적 동질성을 강조하는 문화순혈주의(ideology of the cultural pure blood)가 있다. 한 집단이 가진 문화적 동질성을 의미하는 이들 개념은 하나의 국가나 민족이 하나의 문화를 갖는 근대 민족국가의 형성 과정에서 국가와 민족의 일체화 혹은 동질성을 전제로 나타났다.

한편 다문화주의를 정치적 이념으로서의 민주주의나 경제적 이념으로서의 자본주의와 같이 국가의 운영 목표와 방향 설정의 중요 이념으로 본다면 국가의 다양한 정책 분야에 걸쳐서 근본적인 전환을 초래할 수 있다. 따라서 다문화주의의 유형을 좀 더 자세히 살펴보는 것은 국가의 인구통계적 특성의 변화가 가져오는 정책 방향의 변화를 가늠해 볼 수 있는 중요한 단서를 제공한다. 이와 관련해서 세끼네 미사미(關根 政美)는 다문화주의의 유형을 크게 자유민주적 다문화주의(liberal multi-culturalism), 공동체적 다문화주의(corporate multi-culturalism), 급진적 다문화주의(radical multi-culturalism)으로 나누고 있다(2012). 자유민주적 다문화주의는 사회통합을 위하여 다양한 인종 집단의 존재와 그들이 향유하는 문화적 다양성을 인정하지만 주류 사회의 문화, 언어, 사회 관습 등을 따를 것을 요구한다. 공동체적 다문화주의는 자유민주적 다문화주의보다는 다양성의 승인을 조금 더 보장하면서, 차별을 금지하는 데 그치지 않고 사회적 소수자의 경쟁상 불이익을 인정하여 이들의 사회 참여를 위한 적극적인 재정적, 법적 지원을 통하여 결과의 평등을 의도하는 것이다. 마지막으로 급진적 다문화주의는 소수 집단이 '자결'의 원칙을 내세워 문화적 공존을 넘어서는 소수 민족 집단만의 공동체를 지향하는 경향이 대단히 강한 경우를 말한다.

다문화주의와 연관되는 중요한 개념들 중 하나인 동화주의(assimilation)는 다문화주의를 이해하는 데 중요한 요소이다. 대부분의 국가는 소수문화의 도전에 직면했을 때 자연스럽게 소수의 문화를 다수의 문화로 흡수하거나 동화시켜 왔다. 이처럼 다양한 소수의 문화를 주류 문화 속에 통합시키려는 경향을 동화주의라 일컫는다. 동화주의는 이민을 쉽게 받아들이고 개방적이기는 하지만 이민자들이 새로운 국가에서 권한을 취득함과 동시에 자국민과 같은 존재로 그 나라 언어를 사용해야 하면 주류 문화를 받아들이는 것을 당연시한다(최충옥 외, 2009). 동화주의가 이민자를 새로운 자국민으로 일방적으로 편입시켜서 사회 통합을 지향하는 반면에 다문화주의는 다양한 인종과 문화를 인정하고 그 속에서의 불평등을 제거함으로써 사회통합을 달성하려고 한다. 한편 Castles와 Miller(2003)은 기존의 동화주의, 다문화주의에 더하여 차별적 포섭·배제 모형을 새롭게 제시했는데 소수 인종 집단과의 접촉을 배제하거나 최소화함으로써 사회 갈등을 회피하는 방식을 의미한다. 현재 많은 이민자를 받아들이고 있는 서구의 주요 다인종 국가 대부분은 시대적 흐름과 자국의 정치경제적 상황에 따라서 다문화주의와 동화주의를 선택적으로 수용하는 상황이다.

3. 동화주의 개념

동화주의는 이민자를 일방적으로 유입국 사회에 통합시키는 정책이다. 이 개념은 이민자가 출신국의 언어·문화·사회적 특성을 완전히 포기하고 주류 사회의 일원이 되는 것을 목표로 하는데, 즉 주류 사회가 자국 사회의 일원이 되기를 원하는 이민자에게 문화적 동화를 대가로 사회의 일원으로 인정하는 정책인 것이다.

이 경우 국가의 역할은 이민자의 적응 과정을 보다 손쉽게 하는 조건들을 만들어 주는 것이다. 유입국 정부는 이민자들이 주류 사회의 언어를 습득할 수 있도록 돕고 이민자 자녀의 정규 학교 취학을 지원함으로써 동화가 순조롭게 이루어지도록 한다. 이민자의 입장에서 동화는 '어떤 개인 또는 집단이 다른 개인이나 집단의 기억, 정서, 태도 등을 얻고 그들의 경험과 역사를 공유함으로써 공통의 문화생활 속으로 통합되는 해석과 융합의 과정'으로 정의된다. 동화주의를 채택한 사회에서는 이민자의 문화, 언어, 생활 습관을 보호하고, 또 직업이나 교육의 기회에서 인종차별 금지 등 정책적으로 이민자를 지원하며 사회참여를 유도한다. 1960년대까지 미국 사회가 표방하였던 '용광로(melting pot)' 모형, 프랑스 사회가 지속적으로 견지해 온 동화주의(공화주의)등이 대표적인 사례이다(김미나, 2009). 그런데 대부분의 경우 동화주의는 시간이 흐름에 따라 포기되고 보다 유연한 '통합 정책(integration policies)'으로 대체되었다. 이러한 변화는 1960년대 호주, 캐나다, 영국이 경험한 것처럼 이민자들이 종족 공동체를 형성함에 따라 현실을 반영한 결과로 나타났다. 통합 전략은 주류 사회에의 적응이 점진적인 과정이며 이 과정에서 이민자들이 속한 집단에서 유대가 중요한 역할을 한다고 간주한다. 그럼에도 불구하고 여전히 정책의 최종 목표는 주류 문화에의 흡수이다(엄한진, 2007).

제2절 국내 다문화 정책 현황

1. 국내 다문화 정책의 현주소

한국 사회는 지난 수십 년간 급속하게 다원적이고 이질적인 사회체제로 변모해 왔다. 세대, 지역, 계층 간의 끊임없는 상호작용과 갈등 양상은 고유의 전통적 가치와 획일적이고 동질적인 정치, 사회, 경제적 시스템의 지속적인 변화를 요구하고 있다. 특히 외국인 인구의 꾸준한 국내 유입은 새로운 사회 변혁의 동인으로 거론되고 있고 소위 '다문화주의'라는 용어에 대한 사회적 관심은 증대하고 있다. 2010년 12월 31일 법무부 출입국·외국인정책본부의 통계에 따르면 한국에 거주하고 있는 외국인은 무려 126만 명을 넘었다. 이 수치는 전체 인구에서 차지하는 비율이 2.5%에 이르는 것으로 비록 서구 유럽 국가들에 비해서는 다소 낮은 수준이지만 향후 증가 추세를 추정할 때 2020년까지 약 5%, 2050년까지 약 10%로 증가할 전망이라서 우리 사회가 다문화 사회로 진입하고 있다는 주장은 더욱 설득력을 얻고 있다(박윤환, 2010; 장의관, 2011). 다문화 사회로의 전이에 대한 척도로 외국인 체류자 비율만이 아니라 한국의 주류 사회와는 차별화되는 인구 구성의 인종적, 문화적 특성은 더욱 관심을 끌고 있다. 이주 노동자, 결혼 이민자, 귀화 및 국적회복자, 다문화가족 자녀, 북한이탈주민 등 다양한 유형의 다문화 집단이 존재하며 공간적으로 전체 외국인 주민 중에서 약 66%가 수도권에 거주하고 있어서 경제적, 문화적 중심지로의 공간적 집중 현상도 발견되고 있다(박윤환, 2010; 홍기원, 2009).

한편 우리나라에 유입되는 외국인 중에 가장 큰 비율을 차지하고 있는 두 유형은 이주 노동자 집단과 결혼 이민자 집단인데 한국의 다문화주의를 지리적으로 확대하고 다문화가정이라는 정책 대상 집단화에 영향을 주는 대표적인 이주 유형은 결혼 이민자이다. 2009년 한국의 국제결혼율은 약 10.8%인데 농촌 지역의 경우 30%를 상회하여서 많은 다문화가정이 지방을 중심으로 생기고 있음을 확인할 수 있다(김유경, 2009; 장의관, 2011). 특히 이들 결혼 이주자 가정의 52.9%가 최저생계비에 못 미치는 소득 수준을 기록하며 한국인 배우자의 약 20%가 기초생활수급대상자인 것으로 나타나서 상당수 다문화가정이 사회의 극빈곤층이라고 할 수 있는 저계급(underclass) 계층에 편입된다(김유경, 2009; 임형백, 2009). 전반적으로 결혼 이민자 집단은 한국 사회로의 자발적 동화 노력이 높아서, 이들에 대한 한국 사회의 포용 수준은 과거에 비해서 상당히 향상되었다(장의관, 2011). 하지만 취약한 경제력과 언어의 제약 등으로 인해서 다문화가정이 직면하는 교육, 복지, 보건, 노동 등 다양한 정책 문제들을 효과적으로 해결하는 데 상당한 한계가 존재한다. 한편 결혼 이민자들이 출산한 다문화가정 2세대인 혼혈아동의 규모는 약 10만여 명으로 추산되는데 그 비율이 지속적으로 증가 추세여서 2020년까지 20세 이하 인구 5명 중 1명이 다문화가정의 자녀가 될 것으로 추정하고 있다(조희원, 2010). 이처럼 한국의 다문화주의는 급증하고 있는 다문화가정의 정책적 니즈(needs)를 얼마나 효율적으로 관리하고, 다문화 사회의 장점을 극대화하고 단점을 최소화할 수 있는 일관성을 지닌 제도들을 운영하느냐에 따라 그 성패가 결정된다(최무현, 2008). 또한 이주민들이 지향하는 가치가 배제된 현재 한국의 관주도형 다문화주의는 앞으로 다문화가정의 구성원이 주도적으로 각종 다문화 지원 프로그램들을 직접 발전시켜서 다문화의 메신저로서 역할을 할 수 있게끔 전환될 것으로 예상한다(김현미, 2008).

2. 국내 다문화 정책의 주요 내용 및 문제점

한국의 다문화 관련 정책 프로그램들은 각 부처에서 자체 서비스 인력을 중심으로 특정 정책 분야에 대한 수평적 서비스를 제공하고 있다(문화관광연구원, 2008). 우선 교육과학기술부는 2세대의 학습능력 향상을 위한 다문화가정의 제도권교육 및 인적자원 개발 분야의 환경 조성에 매진하고 있다. 또한 문화체육관광부는 문화 및 예술 전반에 걸쳐서 다문화에 대한 인식 제고 및 이주민 언어 적응에 초점을 맞추고 있고 법무부는 출입국 관리와 국적 및 이민 분야에서 법질서 수호를 통한 국가 안정은 물론 이주민의 사회 통합에 주력하고 있다. 마지막으로 보건복지부와 여성부는 가족복지, 사회복지, 여성 인권 등의 분야에 걸쳐서 결혼 이주 여성의 사회 적응과 인권 증진에 초점을 맞추면서 궁극적으로 다문화가족의 복지 증진을 목표로 하고 있다(문화관광연구원, 2008, 홍기원, 2009). 외견상 부처별 정책 분야와 사업의 초점이 서로 연계된 점에서 일관성을 보여 준다고 평가할 수도 있지만 실제 세부 사업으로 들어가면 대부분의 분야에서 동일한 내용의 프로그램이 진행되고 있다. 즉 한국어 교육을 비롯한 사회통합교육 대부분은 부처별 프로그램들 간의 중첩성이 지나치고 부처 간의 조정 메커니즘이 미약하다는 비판을 받고 있다(홍기원, 2009). 한편 다문화가정의 핵이라고 할 수 있는 결혼 이민자 집단에 대한 정부의 지원 프로그램들은 다각도로 진행되고 있다. 2008년 '다문화가족지원법'이 시행된 이래 정부는 결혼 이민자들을 대상으로 다양한 복지, 교육, 취업 등 지원 서비스를 제공하고 있다(김유경, 2009; 장의관, 2011). 결혼 이민자 집단을 대상으로 한 사업들이 우후죽순 만들어지고 과잉 경쟁과 중복 지원 등이 초래될 만큼 다른 이주민 집단들에게 비해 다문화가정 지원은 우호적 환경 속에서 과도하게 편중되고 있다(김혜순 2009). 최무현(2008)은 이같이 다문화 정책이 특정 이주민이나 소수 집단만을 대상으로 배타적으로 관리되고 운영되면 오히려 이주민 집단들 간의 갈등 등 부작용이 생길 수 있음을 지적하고 전 국민을 대상으로 다문화 정책을 시행해야 한다고 주장한다.

동화주의를 반대하는 입장에서는 이주자 집단에 대해서 정체성 포기와 주류 문화로의 동화를 정책적으로 요구하는 것이 궁극적으로 사회 통합에 저해 요인이 된다고 주장한다(김호연, 2011). 하지만 한승준(2008)과 같은 일부 학자들은 우리나라의 상황에 적합한 다문화 정책 모델을 모색하기 위해서는 프랑스의 사례에서 보듯 다문화주의 모델은 물론 동화주의 모델도 동시에 검토해야 한다고 지적하였다. 즉 오히려 과도한 다문화주의가 국가 통합을 저해하고 사회의 분열주의적인 부정적 요소들을 양산한다고 본다. 하지만 경쟁과 갈등에 기초한 이데올로기적이고 정치적 측면에서 다문화주의를 논의하기보다 궁극적으로 이질적인 배경을 지닌 다양한 구성원에게 서로에 대한 이해를 증진시키고 원활한 사회적 관계와 의사소통을 통해 '우리의식'을 갖도록 기술적 노력을 강조하는 시각이 설득력을 얻고 있다(오정숙, 2007). 다문화 사회에서 이질적 문화 간의 갈등을 해소할 수 있는 가장 효과적인 방법은 공적 영역에서 서로의 다른 입장과 의견을 표면화하여 서로의 다름과 차이를 인정하고 받아들이는 과정에서 상호 이해와 합의를 이끌어 내는 것이다(홍기원, 2009). 따라서 다문화 사회에서 정부의 역할은 승자와 패자를 가름하는 것이 아니라 사회적 포용의 조건을 만들기 위하여 다문화성을 점진적으로 강화할 수 있는 다양한 정책들을 이주민은 물론 내국인을 대상으로도 강력하게 시행할 필요성이 있다(한승준, 2008).

3. 국내 거주 외국인 통계 현황

행정안전부는 2013년 1월 1일 기준으로 '2013년 지방자치단체 외국인 주민 현황'을 조사한 결과, 외국인 주민이 지난해(1,409,577명)보다 36,054명(2.6%)이 더 늘어나 우리나라에 거주하는 장기 체류 외국인, 귀화자, 외국인 자녀(이하 외국인 주민)는 모두 144만 5,631명으로 전체 주민등록인구의 2.8%에 해당하는 것으로 조사됐다. 금년에는 '방문취업제(2007~2012)' 기간 만료에 따른 외국인근로자의 출국이 늘어나 지난해에 비해 증가 폭이 2.6%로 크게 감소했다.

외국인 주민 현황은 지난 2006년 첫 조사 이후 매년 20% 이상 증가하다가 2010년에는 글로벌 금융위기 여파 등으로 2.9% 증가했으며, 2011년, 2012년에는 경제 회복 등의 영향으로 매년 11%씩 증가했다.

외국인 주민을 유형별로 살펴보면, 한국 국적을 가지지 않은 사람이 1,120,599명(77.5%), 한국 국적을 가지고 있는 사람은 325,032명(22.5%)이며, 한국 국적을 가지지 않은 사람 중 외국인근로자는 520,906명으로 전체 외국인 주민의 36%, 결혼 이민자 147,591명(10.2%), 유학생은 83,484명(5.8%), 외국 국적 동포는 187,616명(13%), 기업 투자자 등 기타 181,002명(12.5%)순이었다. 또한, 한국 국적을 가지고 있는 사람 중 국적취득자가 133,704명(9.3%), 이 중 혼인 귀화자는 83,929명(5.8%), 기타 사유 귀화자 49,775명(3.5%), 이 밖에 외국인주민 자녀 191,328명(13.2%) 등으로 집계되었다.

지역별로는 경기도 440,735명(30.5%), 서울특별시 395,640명(27.4%), 경상남도 89,986명(6.2%), 인천광역시 75,552명(5.2%), 충청남도 68,639명(4.7%) 순이며, 기업체와 대학 등이 많이 소재한 수도권(서울·

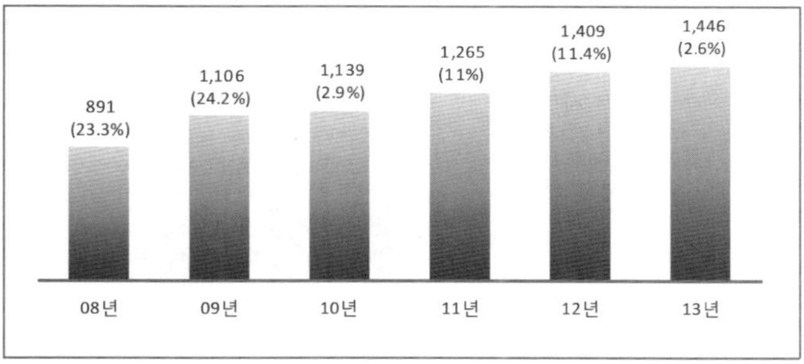

출처: 행정안전부(2013).

〈그림 2-2〉 외국인 주민 변동 추이(단위: 천 명)

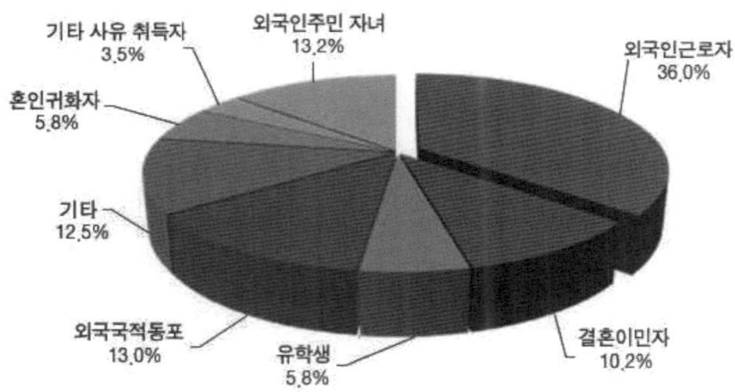

출처: 행정안전부(2013).

〈그림 2-3〉 외국인 주민 유형별 현황

경기·인천)에 63.1%(2012년 64.2%)가 집중 거주하고 있으며 시군구별로는 경기도 안산시(64,709명), 서울특별시 영등포구(53,666명), 서울특별시 구로구(41,622명), 경기도 수원시(41,351명) 순이었다. 1만 명 이상 밀집 거주 지역은 2012년(42개)보다 2개 지역이 증가한 44개 자치단체이며, 주민등록인구 대비 5% 이상 거주 지역은 2012년과 동일한 22개 자치단체로 조사되었다.

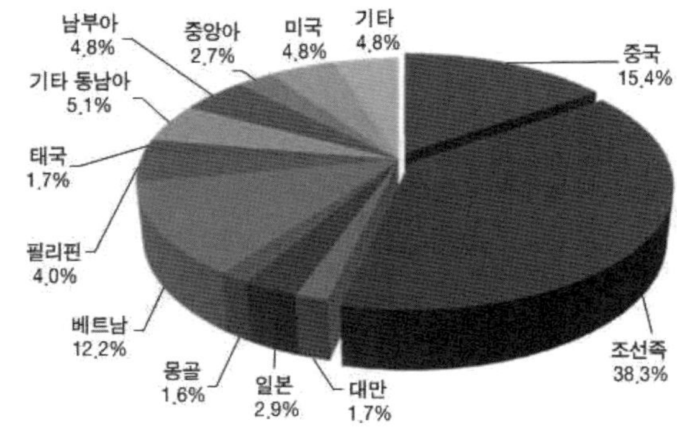

출처: 행정안전부(2013).

〈그림 2-4〉 국적별 분포

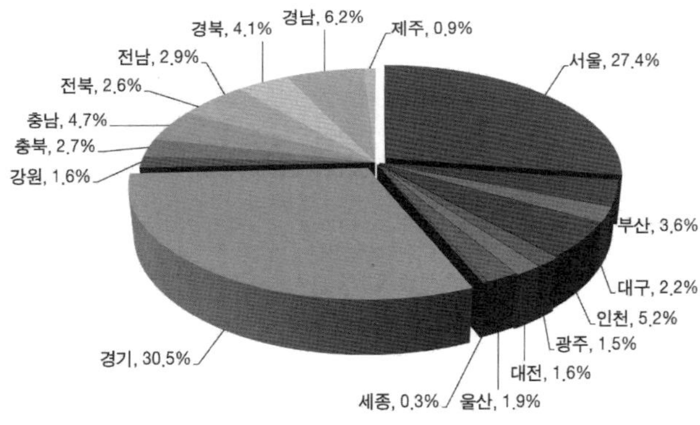

출처: 행정안전부(2013).

〈그림 2-5〉 시도별 분포

이러한 외국인 주민 현황 통계는 외국인 주민이 급증 추세가 확연하게 굳어졌음을 암시한다. 따라서 외국인 주민이 지역사회에 안정적으로 정착하고 사회 구성원으로서 사회 활동에 적극 참여할 수 있도록 정책 당국이 어떻게 지원을 확대해 나갈 것인지를 고민해야 할 시

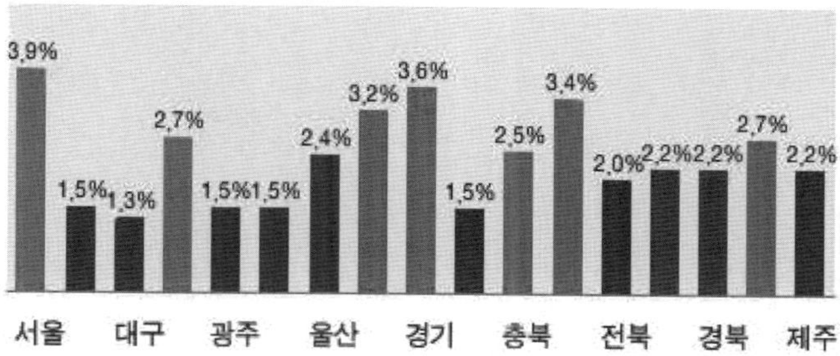

출처: 행정안전부(2013).

〈그림 2-6〉 시도별 비율

점이 도래하였다. 이를 위하여 현재 안전행정부는 외국인 주민들의 생활 편의를 위해 교육부와 여성가족부 등과 협조하여 다국어 반상회보 발간, 한국 생활 가이드 모바일 어플을 개발·보급 등 일련의 행정 서비스를 확대하고 있다. 또한 외국인 주민 지원을 위한 전담 부서 설치 확대, 외국인지문 밀집 지역 슬럼화 방지를 위한 환경 개선 사업과 교육 및 의료 등의 서비스를 지속적으로 추진해 외국인 주민에 대한 정책적 배려를 계속해 나갈 필요가 있다.

제3절 세계 다문화주의 현황

1. 미국 다문화주의

미국은 어떤 나라보다도 인종 구성이 다양한 나라이다. 영국 식민지 시대부터 현대에 이르기까지, 북미 대륙은 전 세계 국가로부터 다양한 인종의 많은 사람들을 받아들였다. 특히 유럽, 아시아 및 남미로부터 수백만의 '자발적'인 이민자들이 북미 대륙에 정착했다. 그들은 다양한 이유로 이주했고 또한 계속해서 이주하고 있지만, 그들이 미국으로 가는 주된 이유는 자신들의 나라에 머무는 것 보다 더 많은 경제적 기회를 누릴 수 있다고 생각하였기 때문이다(강휘원, 2006).

최대 이민 국가인 미국은 1860년대부터 본격적 이민이 시작되어 아직도 이민으로 인한 인구학적 변화와 문화적 변화가 계속 진행되고 있다. 2007년 공식 통계에 의하면 매년 100만 명 이상이 이민으로 정착하고, 불법 이주까지 포함하면 실제 이민자는 약 180만 명 이상으로 추정되었다. 이민의 형태로는 가족보증이민, 취업기반이민, 인도주의적 이민(난민 · 망명 등), 특별이민 등으로 구분하고 비시민으로 미국에 체류하는 경우는 합법적인 영주권자(Lawful Permanent Residents, LPRs), 비이민자(non-immigrants), 무적 이주자(undocumented migrants) 등 세 가지로 구분 된다. 미국은 1850년부터 아시아계 이민자를 받아들이긴 하였으나 아시아인의 규모가 커지는 것을 경계하여 1882년 중국인 금지법 등 인종주의 이민 정책을 구사하였다. 그 후 1955년 이민개혁법을 통해 이민자 차별을 철폐함에 따라 전 세계의 인재를 모으는 창구 역할을 하게 되었다. 그런데 영어권 이민자들이 주로 유입되던 과거와는 달리 현재 대부분의 이민자가 라틴 아메리카나 아시아 대륙의 비영어권 국가 출신이어서, 미국은 언어와 문화가 상이한 이민자들의 정착을 지원해야 하는 새로운 과제에 직면하게 되었다.

미국은 이주해 온 사람들의 이유가 무엇이든 간에 자국을 스스로 선택한 것이라 여기고, 미국 사회와 문화에 대한 적응이나 동화는 자발적이며 당연한 것으로 간주하는 경향이 있었다. 즉 미국에서는 아무도 동화를 강요하지 않으며, 이민자들은 미국적 삶을 선택하여 미국에 온 것이라 여긴 것이다. 물론 이주자가 공적 영역에서 법규와 정책을 받아들이면서 미국 사회의 삶에 참여하는 한, 사적인 영역에서 자신의 문화적 관습을 유지하는 것은 허용되었다. 이는 미국의 문화적 다원주의에 대한 기본 태도이다. 이처럼 소수 민족의 문화와 언어는 인정하되 자국의 강력한 주류 사회가 존재한다는 것을 명시하는 다문화 수용 방향이 미국의 다문화 사회 통합의 기본 방향이라 할 수 있다(유네스코 아시아. 태평양 국제이해교육원, 2008).

미국은 공식적 사회 통합 방안은 없지만, 연방 정부 차원에서 이민자의 정착(settlement)을 '이민자들을 받아들이는 지역사회 구성원의 변화를 포함하는 상호적인 과정'이라고 정의 내리고, 이민자들이 잘 정착할 수 있도록 돕는 것이 국가 및 지역사회의 사명이라고 명시하고 있다(Fix & Passel, 2002).

그러나 실제로 미국의 이민자 정착 정책은 연방정부의 개입이 적은 '자유방임형(laissez-faire)'으로 간주된다. 미국 연방정부는 미국 사회가 원하는 이민자들이라면 처음부터 별다른 도움을 필요로 하지 않는, 즉 '자족한 사람들(self-sufficient)'일 것이라고 가정하고 이민자들이 스스로 미국 사회에 성공적으로 통합될 수 있는 길을 찾도록 장려하면서 경제·문화·사회·정치적 통합에 필요한 제한적인 도움만을 제공하고 있다.

긴급하게 교육이 필요한 이민 학생을 위해 Emergency Immigrant Education 프로그램을 제공하며, 연방정부가 주정부에 재정을 제공하고 주정부는 지역 교육기관에 예산을 분배한다. 그리고 학생과 성인이 미국 시민으로서 갖추어야 할 시민적 소양의 내용과 기준은 정부와 협조하고 있는 NGO들, 예를 들어 Center for Civic Education이 개발한다. 성인은 지역사회에 있는 성인학교, 지역대학, 자원봉사기관에서 정착에 필요한 영어, 시민적 소양, 정보 등을 얻는다. 이민국 홈페이지에서는 시민권 취득을 준비하는 사람들을 위해 예상 문제들을 제공하고 개별적으로 온라인을 통해 시험을 치러 볼 수 있도록 프로그램을 제공하고 있다.

미국의 다문화 정책은 문화 다양성을 인정하지만 분명한 주류 사회가 존재하고, 이민자의 고유문화 유지를 위해 정부가 개입하지 않는다는 기본적 특징을 MIPEX 지수에서 잘 나타내고 있다. 많은 이민자가 기회의 땅이라 여기는 미국은 실질적으로 노동시장에서 이민자에 대한 적극적 지원이 이루어지지 않고 있다. 미국 자체가 이민자의 선택에 의해 이민이 이루어졌고, 그들 스스로가 준비되어 있는 자라고 생각하기 때문에 일반적 지원을 제외한 나머지 하위지수에서는 낮은 평가를 받았다. 이러한 미국의 특징을 잘 보여 주는 또 다른 영역은 교육이다. 미국은 이민자에게 최대한의 교육 기회를 제공하지만, 그들이 소수 민족 언어나 문화, 그리고 모든 학생을 대상으로 한 이문화 교육 등은 적극적으로 하지 않는 상태이다. 역시나 인정은 하되 지원은 하지 않는 다문화 모형−문화다원주의의 특징이 잘 나타나고 있다. 가족 재결합 영역에서는 까다로운 적격성을 제외하고는 획득 조건, 신분보장, 가족의 권리에서 높은 평가를 받았다. 미국은 영구 거주자가 아닐 시에는 가족 재결합 신청을 하지 못하기 때문이다. 정치적 참여 영역에서는 정치적 자유가 허용되며, 이민자의 선거권이 인정되는 유일한 국가이기도 하다. 하지만 자문기구 활용이나 정치적 수행은 원활하지 못한 것으로 드러났다. 차별 금지 영역은 미국이 가장 강점을 보이는 영역이다. 모든 하위지수에서 가장 높은 평가를 받았으며, 특히 억양이나 언어, 주택 임대 등에서 강력하게 시행하고 있는 차별 금지는 주목할 만한 정책이다.

2. 프랑스 다문화주의

프랑스의 이민 역사는 크게 대혁명 이후 19세기 초반부터 이루어진 '정치 이민'과 산업혁명의 개화에 따른 다른 유럽 국가와 식민국으로부터의 '경제 이민'으로 나누어 볼 수 있다. 200여 년이 넘는 세월 동안 끊임없이 이어진 이민사는 결국 프랑스가 다양한 민족과 문화로 구성된 사회임을 보여 준다. 현재 프랑스 국민의 4분의 1은 부모나 조부모 중 한 사람이 외국인이라는 통계에서 프랑스라는 국가가 얼마나 다양한 민족으로 이루어져 있는지를 알 수 있다(이가야, 2009).

제2차 세계대전 이후에 국가를 재건하기 위해 프랑스는 적극적으로 노동자를 받아들였다. 이민국을 창설해 알제리, 모로코, 튀니지 등에서 이주 노동자를 선발했지만 대부분 프랑스인들은 이주 노동자의 존재를 한시적으로 보고 심각하게 받아들이지 않았다.

1970년대 오일쇼크로 경제성장이 둔화되면서 프랑스는 가족의 합류와 정치적 망명의 경우를 제외하고 공식적으로 이민을 중단했다. 그리고 귀국보조금을 지원하며 이주노동자들의 귀국을 권장하였으나 대부분의 이주노동자들은 프랑스를 떠나지 않았다. 1974년에는 인도적 차원에서 이주노동자의 가족 합류를 허용하고 가족 재결합 정책을 실시하게 되었고 이를 계기로 기간 계약 노동이주가 정착이주로 자리잡았다. 1981년 프랑스는 본격적인 이민자 통합 정책을 추진하여 불법 이민자에게 합법적 지위를 부여하고 가족 재결합의 제한을 해제하여 추가 이민자를 받아들였다(트바쉬 & 퐁티에, 2004).

이러한 역사 속에서 프랑스는 공화국 정신에 입각해 이민자들을 위한 정책을 펼쳤으며, 그러한 전통은 지금까지도 영미권 국가들과는 차이를 보이고 있다(이가야, 2009). 프랑스의 통합 전략은 이민자를 완전한 프랑스인으로 '동화(assimilation)'시키는 데 초점이 맞추어져 있다. 프랑스의 공화주의적 가치를 인정하고 공동체로의 적극적인 귀속 의지를 밝히는 외국인에게는 '프랑스인'이 될 수 있는 기회를 열어 두고 있다. 이는 프랑스가 추진하는 이민자를 비롯한 다문화 사회통합 정책의 기조이며, 민족, 문화, 종교 등이 지니는 특수성을 공적 영역에서는 고려하지 않는다는 뜻이다. 프랑스 통합정책의 핵심은 국적법으로, 이민자는 프랑스 국적을 취득해야 그 사회에 온전히 통합될 수 있다. 즉 프랑스에서는 이민자 통합의 일차적 전제 조건이 귀화이다. 프랑스는 교육을 통해 사회·문화적 차이까지도 제거한다. 2004년부터 학교 등 공공장소에서 이슬람 여성의 히잡 사용에 대한 법적 금지가 대표적 사례로써, 이 역시 공화주의의 평등과 자유라는 보편적 가치하에서 통합을 이루고자 하는 목적으로 행해진 것이다.

프랑스는 공적 영역에서 문화적, 종교적 차이를 인정하지 않더라도 사적 영역에서는 차이와 다름을 받아들인다. 점차적으로 이슬람 종교 지도자 등이 국가와 종교 관련 회의에 참여하고 있다(이선주, 2009). 이러한 변화 속에서 터키의 학자 Kaya(2009)는 프랑스의 통합 모델이 표면상으로 동화주의를 취하고 있고 다문화주의라는 용어의 사용을 삼가고 있지만, 사실상 동화주의와 소극적 다문화주의(timid multi-culturalism) 사이에서 모호한 정책을 취한다고 주장한다.

한편 프랑스는 2003년 유입통합계약을 시행하면서 이민자 통합을 위해 프랑스어와 시민 교육을 실시하였다. 2006년에는 EU의 이민과 통합 정책의 변화를 반영하여 '이민과 통합법(law ofimmigration and integration)'을 시행하였다. 필요한 고급 인력의 이민은 장려하고 불법 체류자 등에 대해서는 강력한 단속을 하며, 기존 이민자에 대해서는 프랑스 사회에 잘 적응할 수 있도록 동화주의 정책을 강화하는 것이

특색이다. 이민자의 통합에 관해 사회복지부와 노동부가 주무부처이며, 내무부와 법무부도 통합 업무를 담당한다.

정부 부처 간 위원회(inter-ministerialcommittee)가 이민자의 교육, 고용 등을 담당하는 부처들 간의 업무를 조정하거나 검토하는 역할을 한다(이선주, 2009).

프랑스의 다문화 정책은 차별 금지에서 높은 평가를 받았으나, 나머지 노동시장 접근성, 가족 재결합, 정치적 참여, 장기 체류, 국적 취득 등이 다른 세 나라와 비교해 낮게 평가되었다. 주로 정부의 계획하에 이민자의 노동시장 접근을 허용하지만, 그마저도 원활히 이루어지지 않은 상태이다. 최근 프랑스 사회는 외국인 범죄율 증가와 사회적 갈등을 이유로 이주를 거부하는 분위기를 보인다. 차별 금지 지수가 높기는 하나 프랑스 사회 내의 반(反)이주에 대한 목소리는 점점 커지는 상황이며, 이는 프랑스 사회의 모순점을 드러낸다. 이처럼 평등을 강조하나 자문화 중심적인 자세로 이민자를 수용하는 태도는 동화 모형의 다문화 사회 통합에 가장 큰 약점이라 할 수 있다.

3. 독일 다문화주의

독일은 제2차 세계대전 이후 부족한 노동력을 충당하기 위하여 외국인 노동자를 유입하였다. 1995년에는 이탈리아와 노동자 모집 협약을 체결한 이후 유럽의 여러 국가와 고용 협약을 통해 적극적인 노동 이주 정책을 펼쳐 노동력 부족 문제를 해결하고자 하였다. 특히 베를린장벽 설치 이후 외국인 노동자의 유입은 더욱 증대하였고 1970년대 오일쇼크로 인한 외국 인력의 모집 중단 조치가 이루어질 때까지 전체 인구의 10%에 이를 정도로 외국인 노동자 유입은 적극적으로 이루어졌다. 당시 기업들은 연방노동청과 협력하여 직접 외국 노동자를 모집하였고, 노동자들은 송출국과 쌍무 협정 형식에 기초한 임시 취업 또는 단기 체류 외국인 근로자 프로그램(guest worker programs)을 통하여 독일로 유입되었다(박채복, 2007).

그러나 1970년대 초 경제성장의 둔화로 독일에서의 외국인 노동 인력 유입 정책은 1973년 외국인 노동자 모집 중지라는 결과에 이른다. 오일쇼크로 인한 경기 둔화로 인해 외국 노동력의 유입이 제한되었음에도 불구하고 영구 정착하는 외국인은 증가하였고, 이와 함께 가족 재결합이라는 새로운 형태의 이민이 전개됨에 따라 독일 사회의 통합 문제는 정치 쟁점화되기 시작하였다. '독일은 이민 국가가 아니다'라는 전통적인 독일 사회의 자의식에서 잘 나타나듯이 초기 외국인 정책은 다문화가 아닌 자문화 중심주의에 기초한 통합의 양상으로 추진되었다. 이러한 초기 외국인 정책은 문화적 다양성을 인정하지 않는 방향으로 흘러갔고, 이민자들이 주류 사회와 분리, 배제되는 결과를 초래하였다(최종렬, 2008). 즉 1980년대 말까지 대체로 독일의 외국인 노동자 정책은 외국인을 제한하는 정책을 수행하였다고 평가된다.

1990년 냉전 종식 이후, 소련 및 동유럽에서의 외국인 노동자 유입으로 외국인 노동자는 다시 증가하였고, 정치적 난민, 이주자 가족 구성원의 이주, 유럽공동체 국가 시민들의 독일로의 이민, 구유고 지역의 전쟁으로 인한 피난민 등 새로운 형태의 외국인 유입이 증가하였다. 그러나 독일에서는 이러한 이주 외국인의 증가로 인한 사회적 갈등과 욕구 충돌 현상이 나타나게 되었다. 더구나 이민자들은 오늘날 우리 사회에서 보는 것처럼 대다수가 생활보호 대상자였기 때문에 독일 정부로서는 다문화사회 통합 노력에 따른 사회적·재정적 부담을 지게 되었다(박채복, 2007). 1990년대 초반 '이주국으로서 독일'에 대한 인정, 독일 사회 내부에 급증하는 외국인에 대한 혐오감과 테러에 대한 자성의 목소리는 이민자의 통합 문제에 대한 정책 전환의 필요성을 제기하였다(최종렬, 2008).

독일 내부의 이민자 통합에 대한 논란은 1998년 정권 교체 이후 국적법 개정으로 이루어진다. 2000년 1월 1일 개정된 새로운 독일 국적법은 외국인 노동자 및 그 가족에 대해 독일 국적 취득을 용이하게 하였고, 외국인 노동자와 그 가족들은 새로운 법에 따라 법적 보호와 통합의 가능성을 확대하였다. 이러한 배경에는 저출산 및 노동인구의 감소, 노령화 등으로 노동력을 확보하기 위한 이주가 필요하다는 측면에서 이주의 불가피성에 대한 새로운 인식이 확산되어 있었다고 본다(박채복, 2007). 그러나 이러한 과정에서 독일에서는 개방적인 이주 정책을 반대하는 입장과 지지하는 사회단체, 정당 간의 대립과 타협이 불가피하였으며 오랜 정치적 논란 끝에 2005년 1월 1일에 새로운 이민법이 발효되어 이주와 관련된 새로운 법적 조치가 마련되었다. 2005년 이민법은 국적 및 난민, 이민, 망명 문제를 체계적인 틀로 제도화하여 독일의 기준과 필요에 따라 이민자들을 선별하고 독일 문화와 가치에 수용적인 태도를 가지고 의식과 문화면에서 독일인과 다름이 없는 독일 이민자들을 선택하여 이들을 독일 사회로 통합하려는 정책을 수행하고 있다(최종렬, 최인영, 2008).

독일의 신이민법은 이민자가 증가하고 있음에도 불구하고 이민국이라 인정하지 않던 입장에서, 최근 스스로를 이민국으로 규정하는 패러다임의 전환을 반영한다. 이러한 패러다임 전환의 가장 큰 이유는 독일 인구의 고령화에 따른 노동력 부족이 경제에 부정적 영향을 미치므로, 이를 극복하기 위해 젊은 노동력을 제공할 수 있는 이민자들의 수용이 요구되었기 때문이다. 저숙련이나 미숙련의 노동력이 아닌 전문 인력 위주의 노동력을 수용함으로써 독일 경제가 경쟁력을 가질 수 있도록 하였다(이선주, 2009).

독일은 이주민들의 사회 통합을 진척시키기 위하여 기본적으로 '지원과 요구' 원칙에 따라 이주민들이 독일 사회에 가능한 빠른 시간 안에 적응할 수 있도록 언어 강좌 등을 제공하면서 정착을 지원하였다. 이주민들에 언어 습득의 의무를 요구하였는데, 언어 시험을 실시하여 그 결과로 체류 허가를 결정하였다. 따라서 독일은 이 원칙에 따라 원하는 주민을 선발할 수 있는 근거를 갖추게 되었다(강휘원, 2006).

현재 새로운 이민자 사회 통합 정책은 의무적으로 추진되고 있으며, 정주를 목적으로 새롭게 유입한 전문적이고 숙련된 노동자들을 대상으로 하는 통합 과정으로 진행되고 있다. 이미 독일에 거주하고 있는 이민자에 대한 통합의 경우, 독일 국적의 취득의 완화와 이중국적 허용을 통한 독일로의 통합을 목표로 하고 있다(최종렬, 최인영, 2008).

또한 독일은 사회 통합 과정에서 외국인 노동자뿐만 아니라 그 가족에 대한 다차원적 접근을 시도하여 내국인과 이주자 사이의 괴리를 줄여 나가고 하나의 공동체를 형성하고자 노력하고 있는 것으로 평가된다(박채복, 2007). 하지만 한편으로 독일은 다른 유럽 국가들에 비해 국적법이 여전히 배타적이란 평가도 받는다. 대표적인 예가 독일법상의 이중국적을 금지하는 조항이다. 독일에 거주하는 외국인의 70%이상이 독일 시민권을 신청할 수 있는 법적 조건을 갖추고 있음에도 불구하고 이중국적이 허용되지 않아 귀화를 꺼리고 있는 것으로 분석된다고 이철용(2007)은 지적한다. 현재 통합 정책은 연방내무성이 중심이 되어 연방 차원에서 결정되고, 산하 소속 기관인 연방난민청이 주무 부서로 집행을 담당한다. 그러나 실제적인 프로그램 실행과 통합의 노력은 각 주정부와 기초 지방정부들이 적극적으로 담당하고 있다(강휘원, 2010).

독일의 다문화 정책은 노동시장 접근성, 가족 재결합, 정치적 참여에서 높은 지수를 보이고 있으며, 나머지 장기 체류와 국적 획득, 차별 금지 영역은 다소 낮은 지수로 나타났다. 이는 독일 자체의 이주가 노동시장의 필요로, 손님노동자제도를 통한 노동자 충당에서 시작되어서 이민자를 본국으로 송환하는 정책을 오랫동안 유지해 왔기 때문으로 사료된다. 그렇기에 노동시장 접근성과 정치적 참여 영역에서 정부의 개입이 강하다는 것을 보여 준다. 노동시장 접근성에서 독일은 계획적 지원이 강력한 편이며, 노동자의 권리를 강화하고 있다. 또한 정치적 참여에서 선거권을 제외한 나머지 영역이 높은 성과를 보이고 있다. 하지만 차별 금지 영역은 독일의 가장 큰 취약점으로 나타나는데, 이민자 단체의 집회나 결사의 자유를 제한하는 것이 그 원인이다. 가족 재결합은 용이하나 조건이 까다롭고, 이중국적을 인정하지 않는 점도 이민자 통합에 어려운 부분으로 나타나고 있다. 독일의 또 다른 특징으로는 이민자의 경제적 능력을 중시한다는 점으로 이는 장기 체류 허가와 국적 취득에 공통적으로 나타나는 사항이다.

4. 일본 다문화주의

캐나다나 호주와 같이 이민자들에 의해서 건설된 국가들과는 달리 일본은 주변 아시아 국가들과 마찬가지로 다른 나라로부터의 대규모의 이민이 없었다. 따라서 일본은 공식적인 이민 정책 자체가 존재하지 않았고 이러한 폐쇄적 체제하에서 다문화주의에 대한 다양하고 심도 깊은 논의는 좀처럼 활발하게 진행되지 못했다. 전통적으로 단일 민족의 순혈주의가 지배적인 상황에서 일본은 국가는 물론 국민들도 외국인에 대한 배타성이 높았다고 볼 수 있다. 1970년대까지 일본 내

외국인 문제는 재일한국인, 중국인 잔류 고아 등 전전 시대의 유산이었다. 하지만 일본이 세계 경제의 정상으로 우뚝 선 1980년대 이후 외국인 거주자의 수는 지속적으로 증가했다. 이러한 현상에 대한 주요 원인으로는 일본 경제의 성장과 세계화, 엔고, 거품경제, 임금 상승, 3D업종 노동력 부족, 인력난으로 인한 중소기업 경영난 등을 꼽을 수 있다.

일본에는 2009년 기준 총 221만 7천여 명의 외국인이 거주하고 있는데 이중 중국 국적이 29.6%, 민단의 대한민국과 조총련의 북조선인민공화국을 합친 한민족 국적이 26.6%로 두 집단 출신이 절대 다수를 차지한다[1]. 비록 외국인 숫자가 일본 총인구의 2%에 불과하지만 절대적 수치는 결코 무시할 만한 수준은 아니며 특히 증가 추세가 두드러진다는 점에 주목할 필요가 있다. 외국인 중 다수는 일본에 생활의 터전을 가지고 장기적으로 체류하는 소위 정주화 경향을 보이면서 외국인 배우자나 그 후속 세대들이 확연하게 늘어나고 있다. 이러한 전체 주민 대비 외국인 비율의 상승은 주류 일본인 시민과 다양한 문화, 민족, 인종적 배경을 가진 외국인이 혼합되어 생활하는 다문화 사회적 성격을 보여 주고 있다. 이러한 이유로 내국인의 외국인 주민 차별 문제와 주류 집단과 이주민 집단 간 문화와 관습의 차이에서 오는 갈등의 문제가 서서히 부각되고 있으며 이들 문제를 해결하기 위한 정책적 대응을 요구하는 상황에 이르렀다.

선진국과 개발도상국 간의 경제력의 차이가 더해 갈수록 결국 경제 강국인 일본으로의 외국인 노동자 유입은 가속화되고 있는 실정이다. 이에 따라 소위 '뉴커머(new comer)'라고 불리는 전후 일본의 외국

1) 일본 법무성 입국관리국 통계자료(2009년 7월 10일 발표).

인 이주자 집단이 급속하게 형성되었다(김태식, 2012). 뉴커머 집단이 형성된 계기는 1989년의 외국인의 입국 관리를 처리하는 입관법의 개정이다. 당시 정부는 인력난 해소와 급증하는 불법체류 외국인 노동자 증가에 대처하기 위해 전문직, 숙련 인력 도입이 용이하도록 비자의 체류 자격을 조정하였다. 즉 기존 이주민 집단의 대표 격인 재일 한국인 등에 부여된 '특별영주자' 지위와는 구별되는 '정주자'라는 범주를 신설하였고 일본계 외국인에 대해 취로 활동에 제한이 없는 체류 자격을 부여하였다. 이때부터 일본에는 일본계 외국인의 입국과 정주가 급증하게 되었다.

일본은 현재 세계에서 가장 고령화된 사회이기 때문에 노동 생산이 가능한 인구의 비율이 타 국가에 비해 낮아 외국인 노동자에 대한 의존도가 높다. 이에 따라 저임금 외국인 노동자는 일본 경제에 중요한 부분을 차지하고 있으며, 대부분의 일본 기업은 외국인 노동자 없이는 생존할 수 없는 현실에 이르렀다. 결국 이러한 현실을 인정하고 외국인을 단순한 노동자가 아닌 지역 주민으로 인식하려는 노력이 타 민족과의 공존의 기반 위에서 구체화되고 있는 실정이다. 지자체 정부나 지역사회를 중심으로 다문화 사회에 대한 관심을 가지게 되어 다문화 공생에 관한 담론이 형성되고, 이를 실천하기 위해 NGO, NPO등 민간단체를 중심으로 다양한 사회 통합 프로그램이나 서비스가 제공되고 있다.

지난 10년 간 세계 경제의 글로벌화와 자유화의 추세는 인구 감소로 인한 노동력 부족 문제와 겹치면서 저임금 외국인 노동자의 본격적 유입과 함께 정책적 측면에서 다문화 공생과 개방적 이민 정책에 대한 논의가 대두되고 있다. 하지만 기본적으로 일본 정부는 단일민족국가라는 지배적 인식에 변화를 보이지 않고 있으며 현실적 정책

대안에 대한 고려가 지지부진한 상태이다. 지방자치를 관할하는 총무성의 경우를 제외하면 다문화 공생이나 외국인 주민들에 대한 사회통합의 체계적, 포괄적 정책과 프로그램은 거의 없는 것이 일본의 현실이다. 총무성은 외국인의 증가에 관심을 가지면서 이들을 지역 주민, 지역사회 구성원이라는 관점하에 외국인과 일본인과의 공생을 위한 시책을 모색해 왔다. 총무성은 다문화 공생의 추진에 관한 연구회를 조직하여 2006년 3월 '다문화 공생 추진 프로그램'을 제언하였다. 연구회에서는 다문화 공생 시책에 착수한 지방자치단체에 참고가 되도록 선도적 사례를 수집 및 정리하고 지역에서는 다문화 공생을 '국적이나 민족 등이 다른 사람들이 상호 문화적 차이를 인정하고, 대등한 관계를 구축하면서 지역사회의 구성원으로서 공생하는 것'이라고 정의하였다(김태식, 2012). 연구회는 최근 뉴커머의 대폭적인 증가를 고려하여, 정주 경향이 있으나 일본어 의사소통 능력이 충분하지 않은 외국인 주민과 관련된 과제를 주 검토 대상으로 하고, 기타 외국인 주민 및 외국계의 일본 국적 취득자도 포함하여 검토하였다. 그 결과 제시된 지방자치체에서 검토가 필요한 다문화 공생 시책은 커뮤니케이션 지원, 생활 지원, 다문화 공생 지역 만들기, 다문화 공생 시책의 추진 체제 정비의 네 개 부분으로 구성하였다.

하지만 일본의 외국인에 대한 정책적 기조는 외국인을 필요한 노동력 조달이나 관리, 통제의 대상으로 보고 있다. 따라서 외국인 정책도 출입국 관리 정책 수준에 머물고 있다. 외국인의 출입국에 대해서는 「출입국 관리 및 난민 인정법(입관법)」으로 규정하고 있다. 일본에서 1952년 발효된 입관법은 외국인이 일본 사회의 일원이 된다거나, 외국인이 이주하여 일정한 요건을 갖추면 일본 국민이 된다는 개념은 희박하며, 영주를 전제로 한 이민 제도는 존재하지 않는다(Clenfield, 2007).

일본 정부는 1993년 자격을 획득하면 총 3년간 체류가 가능한 연수생 제도(Industrial Training Program: ITP)와 기능 실습생 제도(Technical Internship Training Program: TITP)를 도입하여 비숙련 노동자가 입국할 수 있는 길을 열어 놓았다. 하지만 연수생과 실습생으로는 저임금 노동의 수요를 충족시킬 수 없었다. 따라서 대부분의 단순 노동직 취업 외국인은 대부분이 불법체류자이거나 체류 기간을 넘겨서 계속 취업 중인 비자초과체류자가 되었다. 이들은 대부분 3D업종에 종사하는 한국, 중국, 동남아, 이란인들이다. 이들은 일본의 경제침체로 노동수요가 감소하면서 서서히 감소하였다. 그럼에도 불구하고 다수의 장기불법체류자는 일본에 정착해 직장에서 기술과 전문성을 습득하여 일본 기업의 필수 인력이 되었다. 그럼에도 불구하고 다수의 불법체류자들은 법적인 보호를 받지 못해 열악한 조건에서 다양한 인권침해의 피해자가 되고 있다.

2000년에 일본 법무성은 제2차 출입국 관리 기본 계획을 책정하였다. 이 계획은 외국인의 정주화를 고려하면서 과거에 비해 다소 유연하고 개방적인 입장의 전환을 보이지만 여전히 단순 노동자를 배제하고 고급 인력 수입하는 것을 기본 전제로 한다(이한숙, 2006). 현재 일본의 외국인 이주자 정책은 2005년에 책정된 제3차 출입국 관리 기본 계획이 반영되고 있다. 이 계획에도 인구 감소의 시대를 맞아 외국인 노동자를 도입해야 한다는 내용이 포함되어 있다. 역시나 일본에 필요한 전문 기술 분야의 외국인 노동자나 고급 인력 도입을 촉진한다는 내용이 주된 내용이다. 하지만 해외로부터 외국인 전문 인력을 직접 도입하는 것은 그다지 성공적이지 못하다. 그보다는 외국인이 일본의 대학에 유학, 졸업하고 일본 내에 취업하는 경우가 더 많다. 이처럼 유학생을 늘려서 그들을 이주 노동력으로 활용하는 방법에 주목하여 2007년 5월 수상 자문기관인 아시아 게이트웨이 전략 회의는 외국인 숙련 노동력을 확보하기 위해 유학생 수를 확대하고 우수 유학생의 일본 내 취업, 창업을 촉진하도록 체류 자격 제도 등에 대해 계속 검토할 것을 제안하기도 하였다. 그러나 일본은 범죄의 온상이 되고 있는 불법 체류자는 줄여야 하며 이를 위해 강경 대책이 필요하다고 강조하여, 오히려 단순 노동자로서의 외국인에 대한 부정적 인식이 부각시키고 있어 일본의 인구문제나 이주자 사회통합 문제의 근본적인 해결책을 제시하지 못하는 일본 정부의 외국인 정책은 여전히 현실과 괴리가 있다는 비판을 면치 못하고 있다(French 2003).

지난 10년 간 일본에는 거주 외국인이 급격히 증가하였으며, 앞으로도 증가 추세가 지속될 것이다. 다문화 공생의 필요성은 특히 전국에 산재한 외국인 집중 거주 지역을 중심으로 중요한 과제로 부각되었다. 즉 외국인 인구의 거주지 분리가 매우 높은 것이 일본의 실정인데 외국인 등록자가 가장 많은 지역인 동경의 경우 전체 외국인의 20%를 차지할 정도이다. 그 외에 오사카부, 아이치현, 카나가와현, 효고현, 사이타마현, 치바현, 시즈오카현, 쿄토부, 이바라키현 등 총 10개 지역에 전체 등록 외국인의 70%가 거주하고 있을 정도로 외국인 집중 거주 지역은 뚜렷하게 구분된다. 외국인 주민 수의 증가와 집중 주거지역의 대두는 주류 일본인 주민과 외국인 주민 간의 알력과 마찰을 빈번하게 발생시키고 있으며 불황으로 인한 불안정한 노동환경으로 외국인은 물론 그 후속 세대들의 생활과 교육 문제도 새롭게 대두되고 있다. 이처럼 실타래처럼 복잡한 문제가 있다고 해서 일본이 과거처럼 외국인들을 배제할 수 있는 상황도 아니다. 결국 이처럼 일본은 다문화 사회에서 어떻게 효과적으로 다양한 배경의 외국인들과의 공생을 달성할지에 대한 정책적 노력이 재고되어야 한다.

일본의 경우 오랫동안 단일민족국가관이 강하게 자리 잡고 있었고, 외국인의 일본 이주 역사가 서구 국가들에 비해 상대적으로 짧아 다문화・다민족에 대한 인식이 거의 없었기 때문이다. 이러한 특수성으로 인해 시민사회 차원에서는 외국인의 인권 보호라는 관점에서 1980년대 중반부터 다문화가 언급되기 시작했지만, '다문화'가 본격적으로 일본 사회의 화두로 등장하게 된 것은 21세기에 들어오면서부터이며, 일본에 외국인의 증가라는 사회현상은 학문적 관심보다는 주로 정책적 관심의 대상이었다. 즉 외국인의 증가가 초래한 다양한 변화와 이에 파생된 '사회문제'들이 보다 주요한 관심사였던 것이다.

이에 따라 다문화에 대한 연구도 이론적 접근 및 이주자의 관점에서 접근하는 연구는 매우 부족한 반면, 외국인노동자 집주 지역 및 외국인 아내가 많은 지역을 중심으로 한 사례 조사가 주를 이룬다. 대표적인 사례 지역은 외국적 주민의 비중이 높은 도쿄의 신주쿠구(新宿), 가나가와현(神奈川)의 요코하마시(浜市), 가와사키시(川崎市), 그리고 도요타 자동차 공장이 있는 아이치현(愛知)의 도요타시(豊田市) 등이며, 결혼 이주 여성이 많은 농촌 지역으로 야마가타현(山形) 모가미(最上) 지역, 니가타현(新潟) 우오누마(魚沼) 지역 등을 들 수 있다.

일본 내의 학자들이 정의한 다문화주의를 살펴보면 다음과 같다. 토미타 마사시(富田正史)는 다문화주의 정책에 관련하여 공용어의 복수화, 두 가지 언어・다언어(多言語) 교육, 영어 교육, 통역 제도, 다문화 방송, 독자 문화 보조금 제도, 취학・취업상의 적극적 차별 시정 조치 등을 실시하는 것을 예로 들었다. 그는 또한 다문화주의에서 가장 중요한 것으로 개개인의 민족 집단의 언어, 문화의 존재가 공적으로 인정되어 그들의 독자성과 평등이 최대한으로 존중되어야 한다는 것을 들었다. 이를 통하여 유추해 볼 수 있는 것은 그가 생각하는 다문화주의는 함께 공존해 나간다는 것으로, '상호 이해'를 중요시한다고 볼 수 있다. 또한 그는 다문화주의는 결코 민족적 소수자를 위한 것이 아니라 지배 민족 혹은 민족적 다수자를 포함한 국가, 사회 전체를 위한 것이라 주장하였다. 이는 위의 추측을 더욱 뒷받침한다고 할 수 있다.

니시카와 나가오(西川長夫)가 정의 내린 다문화주의 역시 토미타와 유사한데 니시카와는 다문화주의를 크게 두 가지로 나누어 정의 내렸다. 그는 다문화주의를 (a) 어느 집단이나 공동체 속에서 복수의 문화가 공존하는 상태를 지칭, (b) 그러한 다문화의 공존을 바람직하다고 간주하여 적극적으로 문화공존의 추진을 꾀하고자 하는 정책이나 사상적 입장을 의미하는 것이라 정의 내리며 일본에서는 주로 두 번째 정의를 취하는 경우가 많다고 설명하고 있는 반면, 이마이 히로미치(今井弘道)는 다문화주의를 한 국가 내부에 소수 민족이 존재하고 문화에 다양성이 존재하는 경우, 그 다양성을 적극적으로 평가하고, 특히 소수파의 문화의 고유성을 보호하고자 하는 입장을 의미한다고 설명하였다. 나리타 류이치(成田龍一) 역시 다문화주의 차이를 인정하여 공생을 추구하는 것이라 주장하였다. 이렇듯 지금까지 살펴본 학자들의 정의를 살펴볼 때 그들이 생각하는 다문화주의란, '다양한 문화의 공존 및 공생으로 각각의 문화를 존중'하고, '상호 교류'를 중요시하는 '공생적 다문화주의(Co-existence Multiculturalism)'이라 볼 수 있다.

일본 사회 내 구성원 비율의 변화를 살펴보면, 한국과 매우 유사한 양상을 보이는 것을 알 수 있다. 일본 역시 구성원의 증가는 국제결혼과 외국인 노동자로 인한 것이며, 한국과 다른 점이 있다면 일본의 경우에는 초기 도입자(old comer)라 불리는 제국주의 시대 때 도래한 사람들이 존재하며 일본 사회 내의 소수자들이 여전히 존재한다는 것이다. 단일 민족이라 일컬어지는 일본이지만 역사적으로도 일본 내에는 다양한 소수자들이 존재하였다. 일본 내의 주요 인종을 분류하여 보면 홋카이도(北海道)의 아이누 족과 오키나와(沖繩)의 주민, 부락민(部落民)과 한국인, 중국인, 주류 일본인–야마토인(大和人)–으로 나눌 수 있다. 이러한 인종 내에서 소수자들을 세부적으로 살펴보면 아이누 족과 오키나와인, 부락민과 19세기 일본으로 강제 유입된 한국인과 중국인을 들 수 있다. 스테판 머피는 이 인종적 소수자에 혼혈인도 포함하였다.

5. 호주 다문화주의

오늘날 호주는 캐나다와 함께 적극적으로 이민을 받아들이는, 전 세계에서 가장 대표적인 다문화주의 국가로 알려져 있다. 1788년 영국인의 정착에서 비롯된 호주의 다문화주의는 이민의 역사와 함께한다고 볼 수 있다. 영국인들에 의해서 대영제국의 식민지로 간주된 이후부터 호주로 유입된 영국인들에 의해서 호주의 토착 원주민인 애보리진(Aborigines)들은 처참하게 학살당했고 일부 생존한 원주민들은 거주에 제한을 받기도 하였다. 이후 19세기에 들어서는 금광 개발과 사탕수수산업 등 다양한 자연자원 개발에 필요한 노동력 공급을 위하여 다른 인종의 이민이 보다 활발하게 진행되었다. 특히 19세기 중반의 금광 개발은 중국인들의 호주 유입을 야기했고, 1870년대 이후 일부 지역에서 사탕수수산업이 급속하게 발전하면서 태평양 연안 지역 국가들로부터 많은 이주민들이 값싼 노동력으로 대거 유입되기도 하였다. 이렇게 급격한 이주민들의 유입은 영국에서 건너와서 호주를 만든 주류 백인들의 노동시장을 위축시켰고 결국 노골적인 유색인종 반대 운동이 전개되기에 이르렀다.

유색인종 반대의 흐름은 대표적으로 빅토리아 주 정부에 의한 중국인 이민 제한으로 나타났고 1901년에 호주 정부가 영국의 자치령(the Commonwealth of Australia)으로 전환되면서 더욱 강화되었다. 특히 1901년 제정된 「이민 제한 법안 1901(Immigration Restriction Bill 1901)」은 노골적으로 유색인종의 이민 제한을 목표로 하는 법안이었다. 이민의 기회를 제한하고 합법적 통로를 차단하기 위하여 법안에서는 당시 유럽에서 사용되는 단어를 50가지나 선별하여, 받아쓰기 시험을 이민의 적격 여부로 활용하는 식의 내용을 담고 있었는데 이 테스트는 몇 번 개정하였지만 1950년대까지 무려 반세기 넘도록 지속되었다. 이러한 폐쇄적 이민 억제를 위한 법안들을 통해서 호주는 소위 '백호주의(White Australia)'를 기반으로 국가적 정체성을 형성하고자 하였다.

하지만 호주는 20세기 초 세계대전을 겪으면서 인구 감소를 경험하게 되었는데 결국 호주의 경제와 안보를 향상시키는 데 인구 증가가 매우 절실하다는 문제의식을 갖는 계기가 되었다. 이에 따라 적극적이고 공격적인 이민 정책을 통해서 규모의 경제를 만들 수 있는 수준의 인구 증가가 중요한 국가적 시책이 되었으며 이에 부응해서 주요 호주 기업들은 이민을 통해 노동력을 확보하고자 하였다. 하지만 기본적으로 호주 정부는 유럽으로부터의 이민자들을 우선적으로 수용하는 기조를 유지하였다. 이러한 흐름에 변화가 온 것은 1960년대 중동으로부터의 이민 증가와 1970년대 베트남 난민의 대규모 유입이라고 볼 수 있다. 중동과 베트남으로부터의 이민자 유입은 사실상 유색인종에 대한 문호 개방으로 이어졌고 호주의 아시아인 비율이 급증하는 결과를 낳았다. 현재 호주는 다양한 인종적 배경을 갖게 되었는데 약 2천 1백만 명 정도의 전체 인구 중에 무려 43%에 이르는 인구가 해외에서 태어났거나 적어도 양친 중 한명이 외국에서 태어났다. 현 세대 이민자로 분류할 수 있는 해외에서 태어난 인구가 전체 인구의 24%에 이르며 이들 해외 출생자 중에 약 14.2%는 비영어권 국가 출신이다.

호주의 초기 이민 정책은 철저하게 '백호주의'를 기초한 동화정책의 특성을 갖는다고 볼 수 있다. 호주는 국가 탄생 시기인 18세기 말부터 제2차 세계대전 이후까지 거의 2세기에 이르는 동안 이민자들에게 앵글로 중심의 언어, 문화, 사회·경제적 구조에 동화될 것을 요구하였다. 이러한 무차별적인 동화정책은 평등의 원칙을 근거로 합리화 되고 강조한 데 비해 1960년대 중반까지 대부분의 이민자들에게 영어 습득을 위한 제대로 된 언어 교육이 이루어지지 못했다. 따라서 호주의 백호주의는 영국계 이민자를 제외한 비영국계 유럽 이민자들은 물론 특히 유색인종인 아시아계 이민자들의 생활을 정상적으로 안정시키는 데 실패하였고 백인 간 또는 백인과 유색인종 간의 갈등은 점점 심화되는 결과를 초래하였다. 결국 호주 정부는 심화되는 인종 간 갈등을 줄이기 위한 노력으로 보다 순화된 이민정책의 수단으로 다문화주의 이념을 수용하고 공식 정책으로 채택하기에 이르렀다.

지난 수십 년 동안 호주 정부는 프레이저(Frazer) 내각(1975~1983) 시기에 대외적으로 다문화주의를 공식적으로 표명하였고 지금까지 정책적 일관성을 유지하고 있다. 당시 다문화주의를 담아서 발표된 보고서의 주된 내용은 연방정부와 비정부기구들이 이민자의 정착을 돕기 위해 다양한 서비스 프로그램을 제공해야 한다는 것이었다[2]. 내용은 크게 네 가지 원칙으로 나뉘는데 구체적으로 첫째, 모든 사회

---

2) 보고서 타이틀은 갈보리 보고서(Galbally Report)라고 불리며 1978년에 출간되었다.

구성원은 동등한 기회와 접근의 권리를 지녀야 한다. 둘째, 모든 사람은 자신의 문화를 편견과 차별 없이 유지할 수 있어야 하고, 다른 문화를 이해하고 관용해야 한다. 셋째, 이민자들의 욕구는 지역사회가 여러 서비스 프로그램을 통해 충족시켜야 하며, 이러한 프로그램과 서비스에 동등하게 접근할 수 있도록 보장되어야 한다. 넷째, 모든 프로그램과 서비스는 수요자와 충분히 협의한 후에 계획되어야 하며, 이주민들이 빠른 시간 내에 자립할 수 있도록 돕는 것이어야 한다.

또한 기존의 이민 정책을 재구성해서 2003년에 발표 후 2006년까지 유지되었던 '다문화 호주: 다양성 속에서의 통합(Multicultural Australia: United in Diversity)'의 방향은 오늘날 호주 정부의 다문화 정책에 주요한 골조가 된다. 이를 바탕으로 호주는 네 가지 주요한 다문화 정책을 수립하였다. 그 내용을 살펴보면 첫째, 지방정부의 역할을 중시한다. 중앙정부는 지방정부에 다문화 교육, 종교, 스포츠 등의 프로그램에 대한 지속적인 재정적·정책적 지원하고, 다양한 문화 간의 화합이 잘 되는 도시를 선정하여 계속적으로 지방 정부의 적극적인 참여를 이끌어 내고 있다. 둘째, 통·번역 서비스, 언어 교육 등 문화적 지원을 강조한다. 다문화 정책의 성공 요인은 다문화 사회의 문화적 지원에서 비롯된다. 이에 호주 정부는 온라인과 전화 서비스를 통하여 통역·번역 서비스를 제공하며 복지, 법률, 의료 서비스를 포함한 정부의 정책도 다양한 언어로 안내하는 등 다양한 방법으로 이민자들이 언어적 한계를 극복할 수 있도록 돕는다. 또한 보조금 지원을 통해 이민자들의 영어 교육을 지원한다. 지역 커뮤니티 센터와 개별 직장에서 이민자들의 영어 공부를 돕고 아동들의 경우 입학 전부터 재정적 지원을 통해 일정한 교육 과정을 제공한다. 또한 지역의 도서관이나 박물관, 문화시설에 정책적으로 다문화 관련 도서와 자료를 마련하도록 하고 있다. 셋째, 호주 정부는 조화롭게 살기 프로그램을 운영한다. '조화롭게 살기(Living in harmony)' 프로그램은 지역별로 다양하게 실시되고 있는데 그 궁극적 목적은 다문화 커뮤니티 간의 화합을 증진하고 인종차별 없는 인간관계를 만들기 위함이다. 이에 호주 정부는 지역 다문화 커뮤니티와 학교를 통해 다양한 다문화 행사를 주관하도록 장려하기 위하여 매해 3월 21일을 국가적 '화합의 날(Harmony Day)'로 지정하였다. 이와 함께 호주의 대부분의 도시는 일년에 한 번 각자 특성에 맞는 다문화 축제를 주최한다. 이 축제를 통해 소수 민족 공동체들이 각 민족의 음식, 공연 등을 공유함으로써 다문화에 대한 이해를 높일 수 있는 계기가 마련된다. 다문화 공동체가 함께하기 위해 가장 중요한 요소는 교육인데 호주 정부는 학교에서 어릴 때부터 인종주의 및 적대, 편견을 일소하고 소수문화 공동체와 어우러지는 조화로운 삶을 지향하도록 교육을 실시하고 있다. 넷째, 호주의 방송과 미디어도 다문화주의 실현에 주요한 역할을 한다. 호주 정부는 미디어에 재정 지원을 하고 있는데, 호주의 대표적인 텔레비전 공중파 채널인 SBS(Special Broadcasting Service)는 호주의 다문화, 다언어 사회의 일면을 가장 잘 반영한 방송사로서, 60개가 넘는 언어로 텔레비전 및 온라인 방송을 제공하고, 68개 언어로 라디오 방송을 한다.

호주의 다문화주의의 특징은 프로그램 차원에서 다문화 정책이 충실히 수행되고 있다는 것이다. 그리고 이러한 내용은 중앙정부 차원의 법제도적인 것은 아니지만, 사실상 정부의 지침이 되는 여러 문건으로 공식화되어 있다. 반면 다문화주의법은 지방정부 차원에서 제정되었는데 이러한 제도는 다문화주의의 내용을 선진적으로 규범화한 것이라고 평가할 수 있다. 하지만 호주의 다문화주의 정책에 대하여 비판론도 만만치 않다. 호주의 다문화주의는 법제도를 위반하지 않는 범위 내에서 공동체의 문화적 표현이 허용될 뿐 결국에는 호주의 자유주의에 기초해 국가에 대한 개인의 충성을 우선시한다고 지적한다. 이는 호주의 체제에 대한 순응과 국가에 대한 충성 모두를 강조하면서 나타나는 현상이기도 하다. 같은 맥락에서 호주의 다문화주의가 여전히 백인우월주의를 전제로 하고 있다는 비판도 존재한다. 이는 궁극적으로 인종문제를 해결한 것이 아니라 인종 간 갈등을 단순히 억제하고 있다는 것에 불과하다는 견해이기도 하다.

제4절 자본 개념의 변화

1. 자본의 개념

현대 사회에서 변화의 흐름은 시간이 지남에 따라 사회 전반에 걸쳐 더욱 광범위하며 다양하게 전개 되고 있다. 특히 재정과 플랜트, 장비 등과 같은 유형 자산 모두를 의미하는 경제자본은 항상 주목을 받아왔으나, 오늘날의 현명하고 진보적인 관리자는 경제자본 못지않게 무형의 인적자본의 중요성도 동시에 인식하고 있다. 하터, 슈미트와 헤이즈 등의 연구자들은 인적자본과 기업의 효율성과의 관계에 대해 연구한 결과, 인적자본이 기업의 효율성 증진과 기업가치 제고에 매우 긍정적인 영향을 주었다고 보고하였다(Harter, et al. 2002).

여기에서 무형의 자본으로써 때로는 지적자본으로 표현하기도 하며 인적자본 못지않게 중요하게 여겨지는 자본이 신뢰나 인간관계,

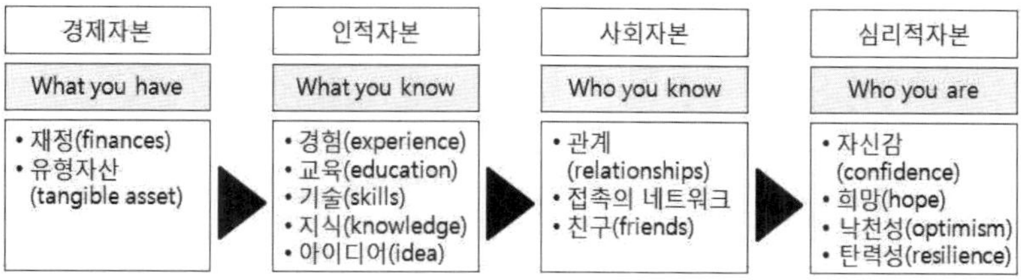

출처: Luthans et al.,(2004).

〈그림 2-7〉 자본 개념의 흐름

네트워크 접촉 등과 같은 사회자본이다. 인적자본이 한마디로 '당신이 무엇을 아는가'로 정의한다면, 사회자본은 '당신이 누구를 아는가'로 정의할 수 있다.

앞서 논의한 인적자본과 사회자본에 대한 연구가 증가하고, 최근에는 인적자본과 사회자본의 개념을 넘어 자본의 개념을 확장하려는 시도가 여러 학문 분야에서 활발하게 이루어지고 있다. 최근에 자본 개념에 대한 연구가 활발해지면서 등장한 새로운 개념 중 하나가 '심리적 자본'이다. 심리적 자본이란 한마디로 '당신은 누구인가'로 정의되며, 이것은 개인의 발전을 위해서 매우 중요하다.

이와 같이 현재의 자본 개념은 과거와 달리 매우 다양하게 변화하고 있으며, 이러한 자본 개념의 흐름은 〈그림 2-7〉과 같다.

(1) 경제자본

경제자본(economic capital)은 즉각적이고 직접적인 돈으로 전환이 가능하며, 소유권의 형태로 제도화된 자본으로써 토지, 공장, 노동과 같은 생산 요소들과 수입, 유산, 물질적 재화와 같은 경제적 재화의 총체로 구성된다. 여기에서 경제자본은 근본적으로 생산의 측면에 주목되는 것으로 소득(earning), 수입(income), 자산(property)으로 표현되는 위계적 개념으로 해석할 수 있다. 따라서 소득은 각 개인의 직업적 지위와 밀접하게 관련되어 있으며, 소득만을 변인으로 하여 경제자본을 측정할 경우, 자본가들과 같이 생산수단을 소유하고 있는 사람들의 경제자본이 과소 추정되는 문제가 발생한다. 이러한 한계를 극복하기 위해서 도입되는 개념이 수입과 자산이라 할 수 있다.

수입은 소득에 이자 등과 같이 직접 노동력을 투입하고 않고 얻는 금액을 포함한 개념으로, 자산은 수입에 토지와 같은 물질적 자본까지 포함한 개념이다(오욱환, 1989).

또한 Bourdieu의 문화자본에 대한 논의를 기초로 하여 연구한 장미혜(2008)는 경제자본을 생산형 자본과 생활형 자본, 여가형 자본으로 나누고 있다. 생산형 자본은 한 개인이 생산 활동에 종사함으로써 그 대가로 받는 경제자본으로 소득의 크기로 측정한다. 생활형 자본은 한 가정 내의 구성원이 일상생활을 영위하는 데 필수적으로 소유하는 경제자본의 의미로 쓰이고 있다. 이는 주택의 보유 형태와 각종 내구 소비재 및 승용차의 보유 여부로 측정할 수 있다. 여가형 자본은 여가생활을 위해 활용하는 경제자본이며, 스포츠센터 회원권이나 콘도 회원권, 골프 회원권의 보유 여부로 측정할 수 있다. 이런 문헌들을 종합해 보면 소득과 소비 측면에서 정확한 경제자본을 측정하기 어렵다.

(2) 인적자본

인적자본(human capital)은 물적자본(physical capital)과 대비되는 개념으로, 경제적으로 가치 있는 인간의 지식이나 기능을 일컫는 말로써 1960년대 초 슐츠가 정식으로 제시하였다. 슐츠는 인간도 물적 자본 못지않게 중요한 '자본'의 일종인데, 이것이 형성되기 위해서는 교육과 같은 적극적 투자가 중요하다고 강조하였다.

인적자본론에 따르면, 전통적 방식으로 측정한 노동 및 자본의 투입량 증가만으로는 산출량의 증가 정도나 그 수준을 설명할 수 없다(Mincer, 1984). 물적자본의 투입량이 많아진다고 해서 산출량이 함께 많아지는 것은 아니며, 노동의 질로 산출량을 좌우된다. 각 개인의 노동력은 고전경제학에서 강조하는 것처럼 동질적인 것이 아니라, 인적자본의 체화 정도에 따른 서로 다른 특성을 나타내는 이질적인 것이다(김경근, 1995). 따라서 인적자본의 개인에 따라 체화 정도가 다르고 그것으로 인하여 개인마다 인적자본의 정도가 다르기 때문에 얼마나 많은 시간을 노동했는지보다 노동의 질이 어느 정도인지가 더 중요한 쟁점이 될 수 있다. 즉 같은 시간 동안 같은 형태의 노동을 하더라도 노동하는 사람의 '노동의 질'에 따라 서로 다른 결과를 초래할 수 있다.

개인은 기업과 노동시장에서의 경쟁에서 유리한 위치를 차지하기 위해 공식적인 교육과 직무 훈련(job training)에 자원을 투자하고 있으며, 이것이 재무적인 자본이나 물리적인 자본과 대비되는 개인의 인적자본(human capital)이다(Becker, 1975; Schultz, 1961). 인적자본 이론은 교육(education)이나 숙련(training)과 같은 직무 관련 자원을 더 가진 사람들이 그렇지 못한 사람들보다 승진 같은 조직적 보상을 더 많이 받아야 한다고 주장한다(Becker, 1975). 이는 상대적으로 효율적인 노동시장이 존재한다는 것을 가정한다. 학교 교육과 직무 훈련(on-the-job-training)은 개인의 숙련과 지식을 향상시키기 위한 투자이며, 이러한 투자로 개인은 노동시장에서의 경쟁우위를 차지하여 더 많은 경제적 보상을 받는다.

그렇다면 '인적자본은 노동자마다 왜 다르게 형성되는가'라는 의문이 발생할 수 있는데, 이에 대해서 베커는 노동자들이 서로 다른 학교에서 서로 다른 교육과 훈련을 받았기 때문이라고 하였다. 그들이 학교에 가는 이유도 전 생애에 걸쳐 자신의 소득을 늘리기 위한 투자를 위해서라고 하였다. 그런 점에서 얼마나 투자를 했는가 하는 점이 인적자본의 질을 좌우하는 한 가지 조건이 될 수 있다(Becker, 1975). 슐츠는 생산성에 영향을 미치는 것은 노동의 질이라고 강조하면서, 인적자본의 형성을 위해 필요한 요소로써 생명과 건강에 영향을 미치는 보건시설과 서비스, 기업 조직에서 실시하는 직업 훈련, 학교에서 실시하는 체계적 교육, 민간 차원에서 실시하는 성인 교육, 직업에 적응하기 위한 개인이나 가계의 활동을 제시하였다(Schultz, 1961).

(3) 사회자본

사회자본(Social capital)에 대한 연구는 경제학, 정치학, 사회학 등 사회과학의 여러 분야에서 다양하게 이루어지고 있으며, 학자들의 관심과 연구의 목적에 따라 이웃, 지역사회, 조직, 국가 및 국제사회 등 다양한 수준에서 분석되고 있다.

인적자본과 마찬가지로 사회적 자본(social capital)은 개인이나 집단에 가용한 자원이다. 그러나 사회적 자본은 인적자본과 같이 개인에 체화(体化)된 자본이 아니라 개인이 맺고 있는 관계 혹은 관계망으로부터 나타나는 자본이다. 간단히 정의하자면 개인의 사회적 관계를 통해 동원될 수 있는 실질적 혹은 잠재적 자원의 총합을 말한다.

다시 말해서, 사회적 자본은 사회적 네트워크를 통해 개별 행위자가 갖게 되는 결과이며 혜택이고, 여기에서 사회적 네트워크는 사회적 자본의 원천(source)이 된다(Nahapiet & Ghoshal, 1998).

한편 개인이 사회적 네트워크를 통해 사회적 자본을 가질 수 있는 것과 마찬가지로 집단이나 팀 수준에서도 사회적 자본이 존재할 수 있다. 개인의 사회적 자본과 동일하게, 집단의 구성원이 상호 간에 맺고 있는 사회적 관계와 그 집단의 구성원이 조직 내 다른 집단의 구성원과 갖는 다양한 사회적 관계를 통해 동원할 수 있는 자원의 총합을 '집단 사회적 자본(group social capital)'이라고 부를 수 있을 것이다(Oh, Chung, & Labianca, 2004; Oh, Labianca, & Chung, 2006).

사회자본에 관한 연구는 프랑스의 후기 마르크스주의자 피에르 부르리외에 의해 선도되었는데, 부르리외는 사회자본을 '제도화되었건 혹은 제도화되지 않았건 알고 지내는 사이에 지속적으로 존재하는 관계의 연결망을 통해 얻을 수 있는 실제적이고 잠재적인 자원의 총합'이라고 정의하였다.

한편 사회자본에 대해 체계적인 연구 업적을 남긴 학자로 미국의 사회학자 콜만을 들 수 있는데, 그는 사회자본에 대해 다음과 같이 언급하였다. "사회자본은 주어진 구조에 속하는 개인이나 집단으로 하여금 특정한 행위를 하도록 유도하고 촉진한다. 사회자본은 다른 형태의 자본과 마찬가지로 생산적이다. 사회자본은 그것이 없으면 이룩하기 어려운 목적을 성취할 수 있도록 해 준다(Coleman 1990). 이처럼 콜만은 사회자본을 사회구조적인 맥락에서 기능적으로 정의하였다. 그러므로 콜만의 사회자본은 신뢰나 규범을 공유하는 집단이면 어느 집단에서나 존재하게 된다(유석춘, 장미혜, 2002).

사회자본의 정의로 가장 널리 사용되는 것은 푸트남의 정의인데 그는 사회자본이 민주적 제도의 맥락 속에서 어떤 역할을 하는가에 관심을 가지고 사회자본의 개념을 시민사회에 연결하였다. 그에게 사회자본이란 개인의 생산성을 증대시키는 도구인 '물적자본(physical capital) 및 훈련을 통해 축적되는 '인적자본(human capital)'과는 달리 사람과 사람 사이의 관계를 포함하는 것이다. 이러한 맥락에서 그는 사회자본을 '신뢰, 규범 및 네트워크와 같이 조정된 행위를 가능하게 함으로써 사회의 효율성을 증가시킬 수 있는 사회조직의 특징들'로 정의하고 있다(Putnam, 1993, 167). 그에 의하면 사회자본이 축적된 사회 또는 공동체에서는 시민들의 참여 네트워크가 구성원 상호 간 신뢰를 증진시키고 호혜성의 배양을 용이하게 한다는 것이다. 또한 그러한 네트워크는 의사소통, 조정을 활성화함으로써 집단 행위를 통한 문제해결을 용이하게 한다고 보았다. 아울러 사회자본의 중요한 특성으로 다른 형태의 자본과 달리 사용할수록 축적되며, 사용하지 않으면 고갈된다는 점을 지적하였다.

사회자본의 개념에는 정부, 정권, 법의 지배, 사법 체계 등을 포함하는 제도적인 관계와 시민의 정치적 자유 등과 같은 공식화·제도화된 관계와 구조를 포함한다(유재원, 2000). 따라서 사회자본은 개인 간의 비공식적 관계 뿐 아니라 공식적·제도화된 관계까지 그 영역을 넓힐 수 있다. 아울러 사회자본은 사회구조의 측면이라는 요소와 그 구조 내에서 특정 행위자의 특정 행동을 촉진시킨다는 요소를 공통적으로 갖는다(박희봉, 김명환, 2000). 물적자본과 인적자본의 경우와 달리 사회자본은 행위자 속에 존재하는 것이 아니라 구조의 관계 속에 존재하면서 그 조직의 생산성을 증가시키고, 특정한 목표의 성취를 가능하게 한다.

사회자본에 대한 개념은 연구자에 따라 매우 다양하게 정의되고 있음에도 불구하고 아직까지 혼란스러운 상태로 남아 있다. 사회적 자본에 대한 절대적인 정의를 내리기에는 사회자본의 차원과 그들 사이의 관계에 대한 이론적인 작업이 아직까지 충분히 발전되지 못하고 있는 실정으로, 실제 사회적 자본은 복잡하고 다차원적인 개념들의 집합이라는 것에 많은 학자들이 동의하고 있다. 따라서 현재 단계에서는 사회적 자본으로 포함시킬 수 있거나 사회자본과 상관관계가 있다고 생각되는 일련의 개념(차원)들을 서로 분리하여 측정하는 방법이 사용되고 있다.

(4) 심리적 자본

오늘날 세계경제에서 경쟁적 우위를 위한 인적자원으로서 인적자본과 사회자본에 대한 인식 제고 필요성이 이론과 연구 분야뿐만 아니라 응용 분야에서도 상당히 강조되고 있는 반면 오늘날까지 학문적·응용적 측면에서 '긍정적인 심리적 자본(positive psychological capital)'의 중요성에 대해서는 사실상 무시되어 왔다고 해도 과언이 아니다. '내가 누구인가?'라는 점은 모든 측면에서 '내가 무엇을 아는가?' 그리고 '내가 누구를 아는가?' 만큼이나 중요한 요소이다.

심리적 자본에 관한 선행 연구들을 통해 보면 심리적 자본의 하위 개념인 자기 효능감, 희망, 복원력, 낙관주의는 개인의 행동 또는 동기부여를 잘 설명할 수 있으며(Luthans et al., 2007), 이에 추가적으로 도전적인 목표의 달성을 위한 하위 목표를 명확하게 하고, 이러한 목표의 달성을 위한 경로를 탐색하며 장애물을 예측하여 여러 대안 수립을 통해 더 나은 대응 계획까지 마련할 수 있게 된다고 한다(Avey et al., 2006; Luthans et al., 2007; Youssef & Luthans, 2007; Luthans et al., 2008).

'심리적 자본(psychological capital)'은 이미 미국의 경제학·사회학 등의 연구에서 간략하게 언급된 바 있으나 적절한 정의를 위해서는 심리학적 개념으로부터 접근하는 것이 바람직할 것이다. 여러 학자들의 견해를 종합해 볼 때 '긍정적인 심리'란 첫째, 일이 계획대로 진행되지 않아도 비관적으로 생각하지 않는 것, 둘째, 어려운 일에 부딪쳐도 이를 발전의 계기로 삼는 것, 셋째, 실패의 상황에서도 긍정적인 면을 찾으려 노력하는 것, 넷째, 자신감을 가지고 잘못된 일에 집착하지 않으며, 앞으로 어떻게 대처할 것인가를 더 많이 생각하는 것으로 요약할 수 있다. 심리적 자본에서의 '긍정적 심리'라는 개념은 심리학자 셀리그먼이 사람들이 가진 바르고 좋은 성향과 옳지 않고 역기능적인 성향을 밝히기 위한 연구에 몰두하면서부터 시작되었으며, 특히 그는 약점보다는 강점, 질병이나 병리적 상황보다는 건강함이나 활력에 더 관심을 가졌다. '비관적 사고-낙관적 사고'의 차이가 학업, 스포츠, 직업에서의 성취뿐 아니라, 정신적 건강과 신체적 건강에도 영향을 미친다는 것을 밝혀냈다(Seligman 1990). 또한 Beck(1976)은 자기 자신, 타인, 세상, 미래에 대해서 부정적으로 왜곡하는 인지구조가 우울을 일으키고 지속시키는 원인이라고 보고 부정적 인지구조와 우울 간의 순화적인 상호작용을 언급하였다(Beck, 1976).

결과적으로 긍정적인 심리가 심리적 안정이나 신체적 건강, 그리고 안일한 대처 능력과 관련이 있음을 알 수 있으며, 이를 통해 긍정적으로 생각하고 행동하는 일은 개인과 조직의 발전에도 많은 영향을 미친다고 할 수 있겠다. 또한 심리적 자본은 구체적으로 아래의 네 가지 요인 즉 자신감, 희망, 낙천성, 탄력성으로 구성되며, 이러한 심리적 자본을 잘 활용함으로써 개인이 발전할 수 있고, 조직의 생산성을 높이는 변수라고 할 수 있다.

2. 사회적 자본 형성

사회적 자본(social capital)과 네트워크가 특정한 사회의 갈등을 완화하고 사회를 융합, 발전시키는 데 중요한 개념으로 등장하였다. 사회적 자본은 네트워크와 함께 다양한 문화를 가진 사회에서 매우 효율적인 기능을 한다. 즉 사회적 자본과 네트워크가 다문화 사회 발전을 위한 중요한 동력으로서 중요시되고 있다. Coleman(1998)은 사회자본을 사회 연결망 속에 내재된 실질적이거나 가상적인 집합적 자원으로 정의하며, 특정한 이익을 달성하는 데 도움이 되는 사회적 관계나 사회적 구조라고 정의하였다. Putnam(1995)은 사회자본을 "상호 이익을 위해 더욱 효과적으로 협력하고 촉진시킬 수 있는 네트워크, 규범, 신뢰 같은 사회 조직의 요소들"로 정의하였다. Bourdieu (1983)와 Coleman(1988)이 사회자본을 개인 이익에 유용한 자원으로 생각했다면, Putnam(1995)은 사회자본의 개념을 공동체 이익의 방향으로 확장했다고 볼 수 있다. 즉 사회자본을 우리가 살고 있는 시민사회의 목적 달성과 발전 정도를 가늠할 수 있는 하나의 척도로 규정했다.

사회자본이란 집합적인 특성을 가지고 있고, 개인 내부에 존재하는 것이 아니라 개인들 사이에 존재하는 유기체라고 볼 수 있다. 이 유기체는 개인뿐 아니라 공동체, 나아가 시민사회 및 민주주의의 발전에 기여하게 된다. 사회자본은 또한 각종의 사회적 병폐를 차단할 수 있는 신뢰와 규범, 그리고 네트워크를 통해 한 사회가 바람직한 방향으로 나아갈 수 있게 해 주는 종합적인 사회적 재화라고 정의할 수 있을 것이다.

특히 사회적 자본을 구성하는 중요한 요인들 중 하나로 네트워크가 강조되며, 많은 학자들은 네트워크의 건설이 사회적 자본을 구축하는 데 중요한 요소임을 강조하고 있다. 예를 들어, Putnam(2000)이 강조하였던 사회적 자본을 구성하는 결합자본(bonding capital)과 연결자본(bridging capital)은 바로 네트워크를 강조하는 개념이라고 할 수 있다. Cohen과 Prusak(2001)등은 모두 네트워크를 사회적 자본을 구성하는 중요한 요소라고 강조하였다. 사회적 자본이란 사회경제적 개념으로써 Bourdieu(1983), Co1eman(1988), Putnam(1995) 그리고 Fukuyama(1999) 등의 학자들에 의해서 개념화되고 발전되었다. Bourdieu(1983)는 세 가지 상이한 유형의 자본을 첫째, 경제적 자본, 둘째, 문화적 자본 그리고 세 번째 사회적 자본이라고 분류하였으며, 사회적 자본을 상호 인식과 인지의 다소간 제도적인 관계가 영속적인 연계의 소유에 연결되어 있는 실제적이고 잠재적인 자원의 총체라고 정의하였다.

Putnam(1995)은 사회적 자본을 모든 사회적 연계의 집합적인 가치이고 서로 무엇을 하기 위해서 이 연계로부터 일어나려는 경향이라고 정의하면서 사회적 자본으로 신뢰와 협동을 강조하였다. 특히 그는 사회적 자본을 두 가지 유형으로 구분하였는데, 첫 번째 유형의 사회적 자본은 이미 알고 있는 사람들을 더욱 가깝게 하는 결합자본이고, 또 다른 하나의 유형은 잘 알지 못하는 사람을 함께하도록 하는 연결(또는 교량)자본이다. 이러한 결합자본과 연결자본을 구성하는 요소로 네트워크를 강조하였다. 따라서 지역사회의 역량을 강화시키는 데 개인 간의 신뢰와 협동이라는 사회적 자본을 통해서 지역주민을 결합하고 교량 역할을 하는 네트워크가 지역사회의 역량을 강화하고 발전시키는 하나의 토대를 형성한다고 할 수 있다. 그리고 Powell(1990)은 조직의 경제적 측면을 설명하면서 조직의 한 유형으로 네트워크가 기업들 간의 사회적 자본의 개념을 주목할 수 있도록 하는 실행적 방식이며, 경제적 구조 안에서 생산을 위한 효율적 조직임을 강조하였다.

Keyes 등(1996)은 제도적 네트워크(institutional network)로서 사회적 자본은 상호 호혜, 신뢰, 순응 그리고 유연성을 의미한다고 강조하여, 제도적 네트워크가 사회적 자본임을 주장하였다. Fukuyama(1999)는 사회적 자본이란 두 사람 이상의 개인 사이에 협력을 증진시키는 입증된 비공식적 규범이라고 정의하였다. Bhattahcarya(1998)는 사회적 자본이 지렛대이며 사회적 지지라고 강조하였다. 그에 따르면 지렛대는 사회문제를 해결하기 위해 다른 사람들을 개입하게 하는 능력이고, 사회적 지지는 문제 해결을 위해 다른 사람이 당신을 돕는 것이다. 그리고 Cohen과 Prusak(2001)은 사회적 자본의 구성 요인으로 신뢰, 상호 이해 그리고 네트워크와 지역의 구성원을 함께 묶고, 가능하다면 집합적 행동할 수 있도록 하는 공유된 가치와 행동 등이 포함된다고 하였다. Putnam(2000)은 사회적 자본이 확충된다면 이러한 사회적 지출이 사라져 더욱 안정적인 지역사회 발전을 추구할 수 있게 되어 지역사회의 역량이 강화된다고 하였다. 또한 Fukuyama(1999)는 사회적 자본을 확충하는 방법으로 국가가 간접적으로 사회적 안전망과 같은 사회복지 재화와 서비스 등의 필요한 공공재를 효과적으로 제공함으로써 사회적 자본의 창출에 기여할 수 있다고 강조하였다.

사회적 자본은 건강하고 효과적인 민주주의의 중요한 특징이라는데 공감대가 형성되어 왔다(Putnam, 2000). 그렇다면 사회적 자본은 무엇인가? 이 주제에 관한 기존 문헌을 찾아보면 연구자들이 그것을 사회적 네트워크와 신뢰, 시민 참여, 삶의 만족 그리고 다른 다양한 개념으로 접근한 사실을 알 수 있다(Bourdieu, 1986; Brehm & Rahn, 1997; Coleman,1988; Lin, 2001; Newton, 2006; Putnam, 2000). 그러나 사회적 자본의 핵심 개념은 바로 사람들의 사회적 상호작용을 통해 사용 가능하게 된 자원을 뜻한다(Putnam, 1993; Lin, 2001). 크고 다양한 네트워크를 가진 사람들은 적고, 그보다 덜한 네트워크를 가진 사람보다 더 많은 사회적 자본을 갖고 있다고 말한다. 비록 사람들은 그들의 친구와 동료, 또한 처음 보는 사람들과의 일상적인 상호작용의 결과로 사회적 자본을 축적하지만 사회적 상호작용에 의식적으로 투자하는 것 또한 가능하다. 사람들이 페이스북(Facebook)에 가입하고 그곳에서 시간을 보내는 중요한 이유가 오래된 친구들과 만나고 동료들과의 결속을 강화하려는 데 있다는 것을 보면 이해가 가능하다. SNS를 사용함으로써, 사람들은 그들의 네트워크를 유지하고 키우려고 노력한다(Ellison et al., 2007). 사회적 네트워크에 투자를 함으로써 사람들은 신뢰와 호혜성에 관한 규범이나 기대를 갖게 되는데 이는 집단적 활동에 성공적으로 참여하기 위해 필요한 요소이다(예: 아파트 주민회 참여 등). 달리 말해서 신뢰는 일상적인 이슈에 대해 남들과 원활하게 협력하도록 한다(Putnam, 2000). 사회적 자본은 또한 사람들이 정보와 기회를 접하는 데 도움을 준다(예: 취업 정보 등)(Lin, 2001). 이는 사람들의 사회적 자본의 부산물이 인간의 웰빙과 삶의 질을 개선하는 데 있음을 적시한다.

사회적 자본은 다양한 개념으로 이루어졌다고 볼 수 있으므로 사회적 네트워크와 이로 인해 예측 가능한 효과들로 구성된 다차원적인 개념으로 접근하는 것이 바람직하다. 문제는 이 차원들을 일관성 있는 이론적 틀 안으로 통합하는 것이다. Scheufele 와 Shah(2000)는 사회적 자본을 인간 내적(intrapersonal), 대인적(interpersonal), 그리고 행위적(behavioral)의 세 영역으로 구분하였다. 인간 내적 차원은 인간의 삶에 대한 만족과 관계가 있으며, 대인적 영역은 사람들 간의 신뢰를 지칭하는데 사회적 또는 일반화된 신뢰로도 불린다. 행위적 영역은 사람들의 시민이나 정치적 활동에 적극적으로 참여하는 것을 내포한다(Howard & Gilbert, 2008).

3. 사회적 자본 형성과 커뮤니케이션

최근 한국의 언론학 분야에서 사회 자본과 미디어 이용의 관계에 대한 연구가 활발하게 이루어지고 있다(이준웅, 김은미, 문태준, 2005). Putnam (1995)에 의해서 확산되기 시작한 '사회적 자본'은 자발적 조직(voluntary associations) 혹은 단체(organizations)에 대한 참여가 어떻게 시민들에게 사회의 공통적 문제를 해결하는 데 유효한 수단이 될 수 있는가를 다룰 수 있는 개념으로 많은 학자들이 현재까지도 활용하고 있다.

사회적 자본과 커뮤니케이션에 대한 연구를 살펴보면, 크게 두 방향으로 분류할 수 있다. 먼저 인터넷이 기존의 공동체를 약화시키고 면 대 면 커뮤니케이션을 줄임으로써 사회 전반적인 신뢰와 참여가 저하될 것이라는 비관론적인 주장(Putman, 1993; 1995)과 인터넷이 새로운 공동체의 건설뿐만 아니라 기존 공동체에 새로운 커뮤니케이션 채널을 제공함으로써 상호 관련성을 강화할 것이라는 낙관론(Hampton & Wellman, 2003; Rheingold, 2000)이다. 인터넷이 활성화된 지난 20여 년 동안 사회적 자본을 연구하는 학자들이 가장 주요한 연구 문제 가운데 하나로 다루었는데, Samuel and Brian(2006)은 온라인에서의 상호작용의 정도가 '일반화된 신뢰'와 같은 사회적 자본의 일반적인 지표들과 관련성이 있음을 밝혔다. 또한 고바야시, 이케다, 미야타 (2006)의 연구도 온라인 커뮤니티에의 참여와 비정규 그룹과의 상호작용을 위한 인터넷의 사용 정도가 신뢰도와 호혜성과 같은 사회적 자본의 지표와 긍정적인 상관성을 가지고 있다고 보고하였다.

최근 이루어진 Steinfield, DiMicco and Ellison(2009)의 연구는 대학 조직이라는 맥락 안에서 내부 SNS(Social Networking Services)로서의 페이스북의 이용이 사회적 자본의 형성과 관련성이 있다고 보여줌으로써 네트워킹의 긍정적인 영향을 보고하였다.

또한 Valenzuela, Park and Kee(2008)의 연구 또한 유사하게 페이스북 사용 정도가 삶에 대한 만족(life satisfaction), 사회적 신뢰(social trust), 시민으로서의 참여(civic participation), 정치적 참여(political engagement)와 긍정적인 상관관계가 있음을 규명하였다.

임영호, 김은미(2006)와 권장원(2004)은 한국 사회의 독특한 연고 중심의 사회적 관계가 언론인의 직장 내 권력 관계, 직장 이동에 미치는 영향에 대해 연구를 하였다. 사회 자본은 자기 발견적(heuristic) 장치로서 중요한 가치를 지니고 있으며, 실제로도 신뢰(trust)와 호혜성(reciprocity)에 바탕을 둔 사회적 협력은 사회적 효율성을 높여 경제발전에 기여하고, 시민성을 함양하여 숙의 민주주의(deliberative democracy)를 활성화하며, 학업 성취(즉 인간 자본의 형성)에도 긍정적으로 기여한다. 나아가 공동체 의식을 높여 집단적 복지 체계의 발전에도 기여한다. 사회적 자본은 인간의 사회 활동에 큰 영향을 미치고 있어, 독립된 개념 그 자체로서도 하나의 중요한 변수로 간주될 가치가 충분하다고 본다(Putnam, 2002). 그럼에도 불구하고 사회 자본에 대한 논의가 전혀 문제점이 없는 것은 아니다. 사회적 자본 개념을 정교화하는 과정에서 특정 집단에 속한 개인의 사회 활동의 특성, 즉 연고 집단 중심의 사회 활동을 감안할 필요가 있다. 다른 하나는 특수한 집단에 속한 개인의 독특한 커뮤니케이션 행태와 미디어 담론의 행태를 감안하여 개념을 구성하는 각 범주들의 의미가 더 잘 반영될 수 있도록 타당성이 높은 조작적 정의를 발전시키고 방법론을 정교화할 필요가 있다.

앞에서 사회적 자본 형성과 커뮤니케이션, 갈등과 사회통합과의 관계에서 사회적 자본의 역할을 논의하였다. 이것을 토대로 다문화가정 구성원이 한국 사회의 일원으로 되어가는 과정에 사회적 자본의 개념을 적용한 연구는 사회통합과 경제 발전이라는 큰 틀을 마련하는 데 의의가 있다.

제5절 미디어 이용 동기에 관한 연구

1. 이용 - 충족의 이론

커뮤니케이션 연구자들은 새로운 미디어가 출현할 때마다 그 미디어의 이용자에 대한 동기와 욕구 충족에 대한 연구를 진행해 왔다. 이용과 충족 이론(the theory of uses and gratification)은 뉴미디어의 등장 연구에 가장 많이 사용된 이론으로 수용자가 어떠한 이용 동기를 가지고 미디어를 소비하며, 어느 정도 만족했는지를 알아보는 데 주로 사용되고 있다. 이용과 충족 이론이 뉴미디어 등장 연구에 가장 많이 사용되는 이유는 미디어 수용자가 미디어를 선택적으로 이용하는 능동적 수용자(active audience)로 규정해서 미디어와 수용자의 관계를 연구하는 방법이기 때문이다.

이용과 충족 이론은 '미디어가 이용자에게 무엇을 하는가'라는 전통적인 매스커뮤니케이션 연구와는 달리 '사람들이 미디어를 가지고 무엇을 하는가'에 초점을 맞추어 이를 규명하는 작업에서부터 출발하였다. 1959년 Katz의 논문에 의해서 '이용과 충족 입장'이라는 명칭으로 처음 제기된 후, 특히 유럽의 커뮤니케이션 연구자들에 의해 지지를 받았고, 매스미디어의 수용자들은 자신들이 어떤 욕구를 충족하기 위한 하나의 대안으로 매스 미디어를 이용하고 있다고 보았다(차배근, 2002).

Rosengren and Windahl(1972)은 미디어의 선택과 이용은 개인의 생물학적, 심리적, 사회적 욕구로부터 파생되는 것으로, 각 개인의 사회적 특성과 개인적 특성의 상호작용 결과로 파생한 여러 가지 문제들을 인지하고 그것을 해결하려는 과정에서 발생하는 기능적 대안의 문제라고 보고하였다. 즉 인간은 생리적, 자연적 방법에 의하여 충족시키지 못한 욕구는 기능적 대안인 미디어를 이용함으로써 만족한다고 하였다. 이러한 이유로 매체 이용자들의 매체 선택 행위는 사회체계를 벗어나 독립적으로 작용하는 것이 아니라 기본적으로 사회체계와 구조가 미디어 이용에 있어 상호 작용적 동기를 생산 변형한다고 보고, 이러한 상호 작용적 동기가 개인의 매체 선택 행위에 영향을 미치는 것이다(Rubin & Windahl,1986).

LaRose and Atkin(1991)의 연구에서는 새로운 매체가 등장했을 때 수용자들의 뉴미디어 채택 여부를 결정짓는 요인은 매체 내에서 프로그램이 얼마나 다양하게 제공되는지, 콘텐츠를 얼마나 선명하게 수용할 수 있는지 등의 요인이 있다고 하였다.

차배근(2002)은 과거의 커뮤니케이션 연구들은 메시지로부터 효과로 직선적인 인과관계의 모형이 주를 이루었다면, 이용과 충족이론은 '메시지－수용자－중개변인－효과'의 모형에 입각하며, Katz, Gurevitch and Haas(1973)의 연구에서는 '이용과 충족 연구에서 가장 중요한 연구 과제는 미디어를 통해 수용자들이 갖게 되는 동기를 어떻게 분류할 수 있는가'라고 지적하였다.

이용과 충족에 관한 문헌들은 수용자의 욕구와 충족들을 분류할 수 있는 몇 가지 방법을 제시하였다. 어떤 사람들은 즉각적 충족과 지체된 충족으로 구분하기도 하고(Schramm, Lyle, & Parker, 1961), 또 어떤 사람들은 '정보적－교육적' 그리고 '환상적－도피적(오락)'으로 구분하였다(Weiss, 1971).

컴퓨터와 다른 욕구 충족 수단을 비교한 연구에서는 매스커뮤니케이션, 대인 간 커뮤니케이션, 컴퓨터 매개 커뮤니케이션에 의해 충족될 수 있는 욕구를 구분하였다(Perse and Courtright, 1993). 이렇듯 수용자의 미디어 이용 동기와 이용 행태를 정확하게 파악할 수 있다면, 수용자의 이용 동기에 맞는 최적화된 메시지 및 미디어 전략을 수립할 수 있을 것이다.

따라서 본 연구에서는 아직 다양한 다문화 관련 연구가 축적되지 못한 한국 이민자들의 미디어 이용 행태의 분석을 통하여 향후 국내 미디어가 올바른 다문화 정착을 위해 기여할 수 있는 시사점을 찾고자 한다.

2. 고전적 미디어

1990년대 중반까지 텔레비전이 지배했던 매스미디어 환경은 인터넷이 급속히 확산된 후 컴퓨터가 기존의 텔레비전 방송 역할을 대체하고 있다. 텔레비전이 뉴미디어로 등장했을 당시, 올드미디어인 신문, 영화, 라디오에 많은 영향을 미치면서 기존의 미디어 질서가 재편되었는데, 텔레비전이 기존 올드미디어에 미친 영향에 대한 연구(Mutz, Roberts & van Vuuren, 1993; Schramm, Lyle & Parker, 1961)에 의하면, 텔레비전의 등장으로 신문 구독률의 감소, 영화 관람의 감소, 라디오 이용 시간이 감소되었다. 그러나 지상파 방송은 이후 등장한 케이블 텔레비전이나 위성방송에 도전받았으며, 케이블 텔레비전의 등장으로 기존의 지상파 방송 시청 시간이나 방송 뉴스 시청 시간은 줄어들고 있다는 연구들이 보고되었다. 그러나 최근 들어 디지털 기술과 인터넷 네트워크, 모바일 기술의 발전으로 인해 뉴미디어가 확산되면서 기존의 올드미디어와 텔레비전뿐만 아니라 모든 매스미디어 환경에 변화가 초래하였다.

(1) 라디오

Lazarsfeld(1941)는 라디오와 인쇄물에 관한 연구에서 라디오는 퀴즈 프로그램이나 드라마에 한정된 청취자를 확보하고 있었을 뿐 계몽적·교육적 역할을 충분히 수행하지 못한다고 보고하였다. 또한 Suchman (1941)은 고전 음악 프로그램을 청취하는 이용자의 청취 동기와 이용 패턴을 분석하였으며, 낮 시간에 가정주부들이 라디오 연속극을 들으면서 얻는 충족감에 대한 분석을 하였다.

Herzog(1942)는 라디오 청취자의 욕구 충족을 분석한 결과, 자신의 지식 정도에 대한 자기만족, 욕구불만의 해소, 열등감의 보상, 회답자와의 동일시에 대한 자기 확장, 지적 성취감, 일상생활에의 효용, 퀴즈 프로그램 우승자를 맞추는 즐거움, 오락 등의 다양한 욕구를 충족하고 있는 것으로 판명하였다.

Katz et al.(1973)은 책, 신문, 라디오, TV, 영화 등 다섯 가지 미디어가 기능적 유사성에 따라 여러 가지로 영향을 미친다는 결과를 보고하였는데, 특히 라디오는 TV와 함께 정보적, 오락적인 내용뿐만 아니라 기술적인 면을 공유하고 있으며, 이와 더불어 대량의 정보를 제공한다는 점에서는 신문과 아주 흡사하다는 결과를 보여 주었다.

이러한 결과를 토대로 라디오 수용자들이 외로움의 극복, 긴장 완화, 오락 추구 등의 동기를 가지고 라디오를 이용하고 있다는 결과를 보고하였다.

(2) 이동전화

이동전화의 특징은 다음과 같이 정리할 수 있다. 첫째, 이동성. 이동성을 이용하여 자신의 시공간을 통제하며, 둘째, 직접성. 메시지의 송신자와 수신자 사이에 다른 매개체가 들어있지 않고 직접 메시지를 주고받을 수 있다. 셋째, 즉시성으로 원할 때 바로 커뮤니케이션 할 수 있으며, 넷째, 개인 중심성으로 이는 개인이 송수신의 통제권을 지니고 있음을 의미한다(박종민, 2003).

Leung and Wei(2000)는 이동전화의 충족 요인을 패션/지위, 애정/사회성, 휴식, 이동성, 즉시 접속, 도구성, 안심이라고 보고하였으며, 배진한(2001)은 오락, 사교, 거래, 즉시 접속, 프라이버시, 다섯 가지를 충족 요인으로 제시하였다.

성동규와 조윤경(2002)은 이동전화 이용자들이 갖고 있는 사회적 성격에 따라 이동전화 이용 유형의 차이를 분석하였고, 이수영(2003)은 음성 통화와 문자메시지의 이용 동기를 구분한 비교 연구를 하였다.

또한 이동후, 유지연, 황주성(2005)의 연구에서는 이동전화가 '항시적으로 연결된 친밀 집단'을 형성한다고 보고하였고, 10대와 20대 이동전화 이용자들은 항상 가상적으로 연결될 수 있는 상태를 유지하려고 노력한다고 보고하였다. 또한 이동전화 이용자들이 이동전화를 이용하기 시작하면서 '연결에 대한 강박(obsession with connectivity)'를 느끼고 있음을 밝히면서 이동전화 중독 현상에 대하여 보고하였다.

한편 Finn and Gorr(1988)은 개인이 지니고 있는 성격 특성에 따라 미디어 이용 행태가 달라질 수 있다는 연구 결과를 보고하면서, 이동전화는 다른 어떤 매체보다 개인 중심적인 속성이 강한 매체이므로 개인의 특성에 따른 행태를 살펴보는 것이 유의미하다고 주장하였다.

Rogers(1983)는 개혁확산이론에서 한 사회에 새로운 미디어가 유입될 때 이를 채택하는 집단을 유형화할 수 있으며, 이 구분에 따라 각 집단이 갖고 있는 사회의 심리적인 특성을 설명하였다.

(3) 텔레비전

텔레비전은 이용과 충족 이론에서 가장 많이 연구된 매체로, 1964년 영국 총선거를 대상으로 조사한 Blumler and McQuail의 연구가 가장 대표적이라고 볼 수 있으며, 일반적인 텔레비전 시청에 관한 이용 동기의 연구는 영국의 학생 726명을 대상을 이루어졌던 Greenberg (1974)의 텔레비전 시청 동기 조사로 알려져 있다.

Greenberg(1974)는 31개의 항목을 이용한 조사에서 학습을 위한 시청, 습관에 의한 시청, 자극을 얻기 위한 시청, 동반자로서의 역할, 긴장 해소를 위한 수단, 현실도피 동기, 시간 보내기 등 일곱 개의 시청 동기를 확인하였으며, 이 결과는 향후 연구에 중요한 기여를 하게 되었다(김정기, 1995).

Conway and Rubin(1991)은 응답자를 다양하게 구성하여 텔레비전 시청 동기 요인들을 추출하였는데, 응답자는 어린이, 청소년, 성인, 노인으로 구성하였으며, 텔레비전 시청 수준은 일반적인 텔레비전 시청, 좋아하는 프로그램 시청, 뉴스, 정치, 캠페인, 드라마 등 특정 장르의 시청별로 조사하여 각각의 이용 동기를 구분하였다. 학습을 위한 시청 동기, 습관적인 동기, 기분 전환을 위한 동기, 시간을 보내기 위한 동기, 현실도피 또는 현실을 잊기 위한 동기, 자극과 흥분을 얻으려는 시청 동기, 다른 사람과 사회적 상호작용을 위한 동기, 오락을 위한 시청 동기, 정보 취득을 위한 동기, 텔레비전 매체를 선호하는 동기, 특정 프로그램을 시청하기 위한 동기, 성적 흥미를 충족하기 위한 동기, 프로그램의 인물 또는 내용과 상상적인 상호 교류를 하고 싶은 동기 등(김정기, 1995; Greenberg, 1974; Palmagreen & Rayburn, 1985; Palmagreen, Wenner & Rayburn, 1980; Perse & Rubin, 1988; Rubin, 1983)이다.

결과적으로 전통적인 매체를 사용하는 수용자의 동기와 온라인을 통한 콘텐츠를 접하는 수용자의 동기 사이에 잠재적으로 유사성이 있다는 것을 알 수 있다. 따라서 라디오, 이동전화, 텔레비전 등 전통적인 매체와 인터넷과 같은 새로운 매체 사이에 상호 보완적인 관계가 형성되었다고 할 수 있다.

3. 뉴미디어

뉴미디어와 관련한 이용 동기 연구는 국내외에서 꾸준히 진행되어 왔다. 특히 뉴미디어는 전통적 미디어에 비해 기능의 복잡성과 다양성 때문에 이용자들의 적극적인 능동성을 요구하게 되므로 이들에 대한 이용 동기와 충족에 관한 연구는 현재까지도 활발하게 진행되고 있는 실정이다.

(1) 인터넷

인터넷 이용자의 참여성은 다음과 같은 몇 가지 특성을 바탕으로 한다(안동근, 1999). 뉴미디어 수용자의 시청 행태의 연구는 매스미디어 수용자에게 가장 큰 문제점으로 지적되었던 획일화(Homogenization)를 커뮤니케이션 테크놀로지에 의해 쌍방향성이 가능해지면서 이를 이용하는 수용자의 적극적 활동성으로 해결이 가능하다는 데 의의가 있다 (Neuman, 1991).

Garramone and Anderson(1986) 전자 게시판을 사용하는 사람들의 심리적 동기에 관한 연구하였는데, 환경 감시(surveilance), 자아 정체성(personal identity), 현실로부터의 회피(diversion) 등으로 나타났다 (Garramone & Anderson, 1986).

Williams, Strover, and Grant(1994)는 퍼스널 컴퓨터와 같은 미디어 시스템이 지리적인 것을 벗어난 커뮤니티를 형성한다고 인식하고, 이용과 충족 같은 관점이 사람들과 테크놀로지의 관계를 이해하는 데 도움이 될 것이라고 제시하였으며, 이는 특별히 이용자들이 그들의 정체성, 사회적 위치, 그리고 감성적인 삶을 위해 테크놀로지를 어떻게 사용하고 있는지에 관한 연구였다.

Kuehn(1994)은 교육적인 부분에서 CMC(computer mediated communication) 이용자의 동기를 조사하는 데 이용과 충족 접근을 시도하였고, Newhagen and Rafaeli(1996)은 인터넷에 대한 연구를 이용과 충족 관점에서 연구해야 한다고 주장하였다. 이처럼 이용과 충족 이론은 새로운 테크놀로지가 등장할 때마다 그것을 연구하기 위한 하나의 틀로써 제시되고 있다.

Jeffres and Atkin(1995)은 인터넷 수용 의도는 인터넷을 통한 소비 행위이고, 메시지를 보내는 매체로써의 인터넷 이용이면서, 전통적인 매체에서처럼 메시지를 받는 매체로 인터넷을 사용하고자 하는 것이라고 주장하였고, Eighmey(1997)는 인터넷 사용자들이 월드와이드웹의 여러 사이트를 방문하는 동기로 오락과 자기 정체성을 보고하였다.

Flaherty, Pearce and Rubin(1998)은 이용자들은 컴퓨터를 대인관

계에 대한 필요(소속감, 영향력, 통제, 편안함, 탈출, 그리고 즐거움)와 미디어가 채워 주는 전통적인 욕구(사회적 상호작용, 시간 보내기, 습관, 정보, 그리고 오락)의 필요 및 뉴미디어에 의해 충족될 수 있는 다른 필요들(시간 이동, 사람들 만나기)에 의해 이용한다고 하였다.

(2) 스마트폰

오늘날 이동전화는 인터넷 서비스와 더불어 현재 가장 중요한 이슈이다. 이러한 현상은 이동전화가 단순히 유선전화가 공간을 초월한 것에 그치지 않고 다른 매체와의 융합을 통해 정보를 검색하거나 기존 매스미디어를 이동전화를 통해 이용할 수 있는 다기능 미디어로서 뉴미디어의 독보적인 위치를 차지하게 되었기 때문이다.

이동전화의 매체 속성에 대한 연구 중 이동전화, 인터넷, 텔레비전의 세 가지 매체를 비교하여 각 매체에 따라 이용자가 매체 속성을 어떻게 인식하는지를 대한 연구를 보면, 이동전화의 속성은 '상호작용적'이며, '비전문적'이고, '사적/개인적'인 것으로 나타났는데, 이동전화가 점차 멀티미디어로 발전하고 이동전화를 뉴미디어로 재인식하게 되면서, 이동전화의 이용 동기와 이용 행태, 이용과 충족 요인 등에 대한 연구가 활발히 이루어지고 있다고 하였다(박종민, 2003).

앞서 전술한 이동전화의 이용 동기에 관한 선행 연구는 스마트폰이 대중화되기 이전의 연구 결과들이다. 현재 이동전화의 기술은 그 어느 때보다 빠르게 진행되고 있으며, 음성 통신 기능 이외에 동영상 재생, 카메라, 인터넷 등 멀티미디어 기능이 강화된 미디어로 자리 잡았다. 스마트폰은 컴퓨터와 같은 운영체제(OS)를 탑재하고 있어 컴퓨터와 유사한 운영체제와 하드웨어를 가지고 있다. 따라서 스마트폰은 새로운 미디어로 볼 수 있으며, 기존 이동전화 연구와는 다른 다양한 접근 방법을 통하여 연구하여야 한다.

Ling and Sunsoy(2009)는 아이폰 이용자들이 피처폰이나 타 브랜드의 스마트폰 이용자에 비해 인터넷을 더 많이 사용하는지에 대한 실증분석을 시도했으며, Matthews, Pierce and Tang(2009)은 스마트폰의 사용 목적과 이용 양태가 '매체를 이용하는 공간'에 따라, 그리고 '다른 매체를 어떻게 이용하고 있는지에 따라' 다르게 나타나고 있음을 실증적으로 분석하였다. 이 연구는 21명의 스마트폰 신규 구매자를 대상으로 심층 인터뷰를 통해 그들이 구입한 스마트폰의 특성, 애플리케이션, 브라우징 내역, 이메일 흔적, 스마트폰 이용 상황과 다른 기기 사용의 영향 등에 대해 조사한 결과, 스마트폰 이용자 대부분은 스마트폰을 데스크톱 컴퓨터나 노트북의 보완재로 사용하고 있었다. 한 예로 뉴스나 이메일의 읽을거리를 선별한 후 데스크톱에서 읽는 경우나, 데스크톱에서 미리 작성한 메일을 스마트폰으로 이동 중에 송신하는 것과 같은 행위들을 말할 수 있다.

Kamvar et al.(2009)의 연구에서는 아이폰, 컴퓨터, 피처폰을 통한 인터넷 검색 행위가 서로 어떻게 다른지를 분석하였는데, 분석 결과, '검색질의의 글자 수'는 컴퓨터와 아이폰이 유사했고, 피처폰은 그보다 적었으며, '검색질의의 내용'은 컴퓨터와 아이폰이 비슷한 분포를 보였으나, 피처폰은 성인물, 통신, 온라인 커뮤니티에 관한 내용의 분포가 높게 나타났고, 오락, 게임, 쇼핑 등에서는 낮은 분포를 보였다. 1인당 평균 검색 세션 수는 컴퓨터가 18.1, 아이폰 8.06, 피처폰 5.79로 검색 세션 수는 아이폰과 피처폰이 유사한 성향을 보였다. 종합적으로 아이폰은 피처폰보다는 컴퓨터와 이용 패턴이 비슷하다고 주장하였다.

배재권과 정화민(2008)은 수용자의 채택 의도에 영향을 미치는 스마트폰의 기능적 속성을 알아보기 위해 이동통신사업자, 이동전화 제조업체 관계자, 모바일 소프트웨어 업체 관계자, 스마트폰 이용자들을 대상으로 요인을 분석하였는데, 연구 결과 모든 대상자들에게 가장 중요한 스마트폰의 기능적 속성으로 운영체제와 무선인터넷 플랫폼이 도출되었으며, 나머지 속성에 대해서는 조사 대상별로 차이를 보였다.

김성개(2009)의 연구에서는 정보 기술 수용 모델을 적용해 스마트폰에 대한 수용 요인을 살펴보고 수용 의도에 영향을 미치는 스마트폰의 '인지된 유용성'과 '사용 용이성'을 분석하였다. 분석 결과, 사회적 영향, 지각된 비용, 네트워크 외부성, 수용자 혁신성 그리고 스마트폰의 특성인 즉시 적합성과 직무 적합성 요인들이 인지된 유용성 및 사용 용이성에 유의한 영향을 미치고 있다고 보고하였으며, 인지된 사용 용이성과 인지된 유용성에는 정의 상관관계가 나타났고, 인지된 수용 의도와 인지된 사용 용이성도 수용의도에 각각 정의 상관관계가 있음을 검증하였다. 반면 스마트폰을 혁신 제품으로 보고 이를 혁신 저항 관점에서 스마트폰의 시장 활성화 장애 요인을 분석한 연구도 찾아볼 수 있다(권민택, 신문수, 2009).

(3) 소셜미디어

인터넷과 스마트폰의 발전이 가속화함에 따라 함께 등장한 미디어를 소셜 미디어라고 할 수 있다. 소셜 미디어가 전 세계적으로 화두가 되는 것은 즉각적이고 단순하면서도 파급력이 강력한 커뮤니케이션 양식을 지니고 있기 때문이다. 이러한 기술적, 사회적, 산업적 가능성을 바탕으로 다양한 소셜 네트워크 사이트들이 등장하고 있다. 특히 '트위터(Twitter)'의 확산은 가공할 만한 수준이며, 국내 네티즌들에게도 그 영향력이 점점 확대되고 있기 때문이다.

실제로 국내 트위터의 사용자는 2010년 3월 초 약 20만 명에서 2010년 11월 15일 202만 명으로 증가하여 연초 대비 약 10배의 고속 성장을 보였다(백준봉 외, 2010).

소셜 미디어란 사람들이 의견, 생각, 경험, 관점 등을 서로 공유하기 위해 사용하는 온라인 툴과 플랫폼을 뜻한다. 미디어의 일차적 이용 목적이 상대방과의 의사소통 및 메시지 전달인 동시에 그 과정 속에서 상호 간의 관계를 구축하는 것임(김유정, 김혜영, 2010)을 감안할 때, 소셜 미디어는 이용자 상호 간 접촉을 용이하게 하고, 효율성, 즉시성 및 이동성을 바탕으로 강력한 사회적 관계를 창출한다. 이러한 소셜 미디어의 등장으로 나타난 가장 큰 특징은 소비자들의 의식 변화라 할 수 있다. 소비자들이 과거 수동적이고 폐쇄적이었던 커뮤니케이션에서 개방적이고 능동적인 커뮤니케이션을 통한 관계 형성을 요구하기 때문이다.

따라서 소셜 미디어를 이용하고자 하는 동기와 만족감은 무엇인지에 대한 논의가 중요한데, 박광순과 조명휘(2004)는 대학생들을 대상으로 웹 블로그의 이용 동기를 자긍심 및 정체성 표현, 이용의 편리성, 사회성, 관음주의, 추억 공유, 영상물 게재 및 감상, 상호작용성, 유행성, 경제성, 학습 도구, 기록성, 습관, 교제 관계 및 흥미, 현실도피 등 13개의 요인으로 밝히고 이용 동기와 이용 만족도 간에 유의미한 상관관계가 있음을 규명하였으며, 이용 동기 구조를 통해 웹 블로그의 기능적 속성을 파악하였다. 결과적으로 매체의 이용 동기는 사용자의 목적 행위를 만족시키는 데서 발생되는 요인이며, 또한 각자의 이용 동기가 상이할 수 있다는 것을 나타낸다. 따라서 미디어 이용자들은 목적 지향적이며, 이들은 미디어의 내용을 적극적으로 선택하고 이용한다고 보고하였다.

미니홈피, 트위터, 페이스북 등 다양한 SNS 사이트가 등장하면서 SNS가 사회적 이슈로 떠오르게 되었다. SNS는 타인과의 관계 형성과 유지를 용이하게 하는 서비스로써 인터넷을 통한 커뮤니케이션 변화를 가져온 대표적인 서비스이다. 특히 스마트폰과 같은 인터넷과 모바일이 결합된 형태의 모바일 기기들이 등장하면서 SNS의 서비스 영역이 확산되고 있으며 빠르게 진화하고 있는 추세이다(서문기, 오주현, 2010).

Boyd and Ellison(2007)은 SNS를 개인이 자신을 대중에게 소개하거나 정보를 공유하고, 다른 이용자와 관계를 형성 또는 유지하고, 다른 이용자들의 관계망을 보거나 연결할 수 있는 서비스로 정의하고 있는데, SNS가 다른 서비스들과 차별화되는 특징은 사람들이 SNS를 통해 새로운 관계를 형성하여 상호작용할 뿐 아니라 기존의 관계를 유지 혹은 강화하는 역할도 하고 있다는 점이다. 예를 들어 원래 가깝게 지내던 지인들과 SNS를 통해 접촉하기도 하며, 오프라인에서 자주 접촉하지는 않지만 원래 알고 있던 사람들과의 관계를 발전하기도 하며, 지인의 지인들과 새로운 관계를 형성할 수 있도록 돕는 역할도 한다. 즉 SNS는 완전히 새로운 사람들과의 관계와 기존에 알고 지내던 지인들과의 관계, 그리고 지인의 지인들과의 관계 등 다양한 형태의 관계를 형성시키고 유지·발전시키는 데 많은 영향력을 미치고 있다(금희조,2010).

또한 김유정(2009)은 가상공간에서 이루어지고 있는 온라인 관계 맺기를 확인하기 위해 미니홈피 이용자들의 이용 동기 요인을 조사한 결과, 미니홈피 이용자들이 갖는 친밀감, 사회 실재감, 동질감, 관계적 메시지 표현 이용 동기 요인이 인지된 온라인 관계 맺기 정도에 영향을 미치고 있음을 보고하였다.

심홍진과 황유선(2010)은 트위터의 이용 동기를 연구하였는데, 그들은 '정보 교환을 통한 사회 이슈 참여', '상호작용을 바탕으로 팔로워 그룹 형성', '편리한 소통 기능', '정보 전달의 용이성', '휴식 및 오락', '사적 기록 공간', '140자 글쓰기 유용성'으로 분류하였다. 이는 기존의 미디어 연구에서 밝혀진 '상호작용', '정보 추구', '휴식' 등과 같은 전통적 이용 동기 외에도 사회 참여 및 여론 형성, 팔로워 그룹 형성 등 현재 트위터상에만 관찰되는 새로운 이용 동기를 포착하였다는 점에서 주목할 만하다.

전술한 인터넷의 전반적인 이용 동기를 살펴보면 Rubin(1983)의 연구에서 밝혀진 정보 검색, 오락, 시간 보내기 등의 고전적 미디어 이용 동기들이 중요한 요소로 등장하고 있으며, 인터넷이라는 매체의 기술적 특성으로 인해 사회적 상호작용과 다양한 효용성 등이 추가되고 있는 것을 알 수 있다(최영, 2001). 즉 고전적 미디어에 관한 이용 동기 차원과 뉴미디어에 관한 이용 동기 차원은 유사하면서도 차별화 된 특징이 있음을 알 수 있다. 또한 새로운 미디어에 대한 이용 동기의 파악이 만족감과 매체의 속성을 파악하는 유용한 도구로 사용되었을 뿐만 아니라 직접적인 사용으로 이어져 왔음을 볼 수 있다.

4. 미디어 이용 동기에 관한 연구

인간의 욕구는 동기를 유발하고, 그런 욕구들을 충족하기 위해 구체적인 행동을 이끌어 내며, 그 동기는 사용 행동을 생성한다(윤현철, 2004). 주로 커뮤니케이션학은 미디어 이용을 다른 행동으로 대신하는 형태, 즉 행동에 대한 독특하고 대안적인 형태로서 약간 다른 방법으로 설명한다. 미디어 이용은 효과적인 측면에서 사교적일 수 있다. 미디어 이용은 그 자체가 정상적인 사회 행동에 만연해 있는 형태이며, 실제적인 사회적 상호작용을 위해 받아들일 수 있는 대체물이다. 그것은 중요한 사회적 중개인으로서 폭넓게 인식되고 있다(Regengren, and Windahl 1989).

대부분의 미디어 이용은 사교적일 수도 있고 아닐 수도 있는데, 현대 도시 생활에서 현실 생활의 사회적 접촉을 위한 대용물로써 미디어는 종종 고립으로 나타난 외로움과 스트레스를 완화하는 데 도움을 준다. 대중이 중재하는 상호작용의 잠재력은 약화된 매스미디어에 의해 확장될 수 있다. 사회적 고립과 미디어 이용 간의 인과관계의 증거를 찾기란 힘들다. 즉 사회적 고립이 미디어 이용에 영향을 미쳤는지 혹은 미디어를 이용함으로써 사회적 고립을 가져왔는지 분명히 말하기란 쉽지가 않다.

기존의 연구들은 매스커뮤니케이션 과정과 관련된 사회적 요소들의 복잡성을 밝히지 못하고 수용자들이 미디어 내용을 소비하는 데서 오는 이용과 충족에 초점을 두어 사회적 환경 요인에서 온 영향력을 설명하지 못하는 경향이 있다. 그러나 매스 커뮤니케이션에서 이용자들의 매체 이용 행위는 보다 확장된 형태로 해석할 필요가 있는데, 이는 이용자가 처한 사회적 상황이나 개별적 조건에서 각기 다른 욕구 충족의 선택적 행위라고 말할 수 있다.

Rubin and Windanl(1982)의 이용과 의존 모델에 따르면 기본적으로 사회 체계와 구조가 미디어 이용에 있어 상호작용적 동기를 생산, 변형한다고 보고 이러한 상호작용적 동기가 개인의 채널 선택 행위에 영향을 미친다고 주장하였다.

또한 이것은 인간의 본연의 사회적 욕구를 매체를 통해 충족할 수 있고 개인의 특정 커뮤니케이션 채널에 대한 의존성과 신뢰성은 개인의 기능적 대안으로 유용성에 대한 인지와 관련된다고 설명하였다. 즉 더 좋은 사회적 자원을 소유하고 더 넓은 정보 추구 전략을 수행할 수 있는 개인은 커뮤니케이션 채널 선택의 대안이 많기 때문에 특정 채널에 대한 의존성이 감소된다. 그 반대로 사회적 자원과 정보 추구 전략에 있어서 선택의 여지가 적은 개인일수록 특정 채널에 대한 의존성은 증가할 것이다.

Kline et al.(1974)은 인간의 정보 욕구를 중심으로 대인적 채널과 미디어 채널의 선택 동기에 대해 설명했는데, 그에 따르면 개인은 자신이 다른 사람보다 정보를 덜 가지고 있는 경우에는 타인에 의존하여 그와 직접 커뮤니케이션을 하려고 하지만 자신이 다른 사람보다 더 많은 정보를 가지고 있다고 인지하는 경우에는 미디어 채널에 의존하게 된다는 것이다.

이러한 논의를 기초로 한다면 미디어에 대한 이용자들의 태도는 대인커뮤니케이션을 회피하므로 인해서 발생하는 대안적 선택이 될 수 있다. 현대사회에서 증가하는 사회적 소외, 불평등의 문제를 해결하기 위해 수용자들은 매스미디어를 이용한다. Rovert와 Donald의 연구에 의하면 라디오의 친구적 기능을 통해 이용과 충족 이론을 설명하고 있다. 청취자들이 직접 참여하는 Talk Radio의 진행자들은 개인의 고민을 들어 주고, 해결책을 같이 의논하고, 사회, 정치적 문제에 대해 의견을 나누고, 청취자들로 하여금 혼자가 아니라는 사실을 재인식시키고, 그들의 믿음과 가치를 더욱 확실하게 해 준다. Talk Radio는 물리적으로는 결코 접촉할 수 없으나, 관심, 흥미 등을 나누기 위한 개인들 간의 의사소통망을 제공하기도 한다(김승현 1992).

이용과 충족 학자들은 크게 매체 이용자들의 이용 의도를 도구적인 매체 이용(instrumental goal oriented)과 습관적 매체 이용(habitual ritualistic)으로 설명하고 있다.

Flaherty, Pearce, and Rubin(1998)은 컴퓨터를 이용하는 이용자들이 첫째, 대인 관계에 대한 필요와 둘째, 미디어로 채울 수 있는 전통적인 욕구들의 필요와 셋째, 뉴미디어에 의해 충족될 수 있는 다른 필요들에 의해 인터넷을 이용하고 있다고 지적하였다. 그들이 지적한 미디어로 채우는 전통적인 욕구에 속하는 습관적 이용 의도와 대인관계에 대한 필요에 속하는 현실 회피의 의도가 인터넷 이용에 가장 큰 영향을 미치는 주요 동기인 것을 알 수 있다.

Fidler(1997)의 미디어 변이 가설에 따르면 새로운 매체가 등장하면 여섯 가지 중요한 진화 원리를 가지고 발전해 간다고 설명하였다. 변화하는 환경에 맞추어서 기존의 매체도 진화한다는 원리를 설명했는데, 동일한 이용 동기를 가지고 매체 이용자가 인터넷과 라디오를 이용하고 있다는 것은 두 매체 간의 상호작용성이 높다고 볼 수 있기 때문에 두 매체는 공동 진화와 공존의 진화 원리를 통해 발전해 나갈 것이라고 볼 수 있다. 뉴미디어는 순간적으로 탄생하는 것이 아니라 기존의 미디어가 변형한 모습으로 나타난다고 설명하였는데, 이것은 뉴미디어가 탄생하여 기존 미디어가 소멸된다는 것보다는 변화하는 환경에 적응 및 진화하게 된다는 것이다.

인터넷 매체의 이용 동기는 기존 매스 미디어의 이용 동기인 즐거움, 시간 보내기 등의 동기가 공통적으로 발견되었으며 대인 관계와 같은 사회적 동기와 정보 탐색과 같은 정보적 동기에서 기존의 다른 매체보다 높게 나타났다(김재휘, 홍재욱, 2000). 사용과 확산의 유형은 사용 다양성과 사용량으로 구분지어 볼 수 있는데, 사용 다양성은 제품이 사용되는 다양한 용도를 말하며, 사용량은 특정 기간 동안 특정한 제품을 사용하는 데 걸리는 시간을 의미한다(Shih & Venkatesh, 2004). 사용 다양성이 수반되지 않는 사용량의 증가는 단순한 필요에 의한 반복 사용의 결과라고 이야기 하고, 사용의 다양성과 사용량의 증가에 영향을 미치는 요소는 다르기 때문에 차별화되어 취급될 필요가 있다(Ram & Jung, 1990; Ridgeway & Price, 1994).

또한 현재 온라인에서의 신규 고객의 확보가 점차 어려워지고 비용이 많이 소요됨에 따라 사이트에 대한 충성도가 중요시되고 있다고 하였다. 온라인 사이트의 이용자 중 1%가 전체 게시글의 50%를 만들어 낸다고 밝힌 것과 같이 여러 가지의 사용자층으로 구분할 수 있는데(Hagel & Singer, 1999), 가상공동체의 가치가 높아지고 활성화되기 위해서는 빈번한 방문과 적극적인 참여의 수준이 중요하다고 볼 수 있다.

Ellis(1996)는 시청자들은 모두 적극적이고 수동적인 심리학적 단면으로 확연하게 구분할 수는 없다고 보았다. 능동적이라는 것은 심리적 의미보다는 지적인 측면에서 이해할 수 있다. 인터넷과 라디오 이용자들의 이용 동기를 통해서 알 수 있듯이 매체 이용자들은 습관적 이용을 통해 각 매체로부터 충족감을 얻고 있다고 볼 수 있을 것이다.

결과적으로 라디오와 인터넷은 그 매체적인 차이에 의해 능동성과 수동성에서 다른 특징을 보일지 모르지만, 이용자들의 습관적 이용이라는 측면에서 다른 필요에 의해 작용한다고 볼 수는 없을 것이다.

Lin(1999)은 텔레 커뮤니케이션 분야에서의 미디어 통합(Convergence) 현상은 방송과 인터넷이 제공하는 콘텐츠가 상호 대용이 가능하다는 것과 방송을 시청하는 동기와 인터넷 콘텐츠를 수용하는 동기가 비슷한 구조를 가지고 있는 점에 근거하고 있다고 설명하였다.

미디어 사용자의 이용 동기에 관한 연구는 수용자 특성 파악이라는 측면에서 중요한 의의를 지닌다고 할 수 있는데, 이는 매체 이용자들의 이용 동기와 태도 형성의 과정을 파악 할 수 있기 때문이다.

앞서 고전적 미디어와 뉴미디어의 선행 연구를 통하여 각각의 이용 동기를 살펴보았는데, 이를 종합해 보면 미디어와 관련한 이용 동기 연구는 크게 국내외로 분류하여 살펴 볼 수 있다. 특히 뉴미디어는 전통적 미디어에 비해 기능의 복잡성과 다양성 때문에 이용자들의 적극적인 능동성을 요구하므로 이들에 대한 이용 동기와 충족에 관한 연구는 활발하게 진행되고 있다.

먼저 Miller(1996)는 현실도피, 오락, 상호 작용성, 감시 등과 같은 이용 동기 요인을 도출하고 이것이 이용 만족에 영향을 미친다는 것을 보고하였고, Papacharissi & Rubin(2000)은 인터넷 이용 동기를 개인적 효용성, 정보 탐색, 시간 보내기, 편의성, 오락 등 다섯 가지 요소로 구분하였으며, 파커와 프랑크(Parker & Plank, 2000)는 효용성과 휴식으로 양분하면서 효용성을 동반자와 사회적 욕구를 원하는 사회적 효용성과 학습 및 흥분 욕구를 대변하는 개인적 효용성으로 구분하였다. 이들은 인터넷의 이용 동기는 기존 매체의 이용 동기와 매우 유사하다는 것을 밝혀내기도 했다.

웹 서비스의 이용 동기에 관한 연구로는 Ferguson and Perse (2000)의 연구를 들 수 있다. 그들은 텔레비전의 기능적 대안으로써 웹의 이용 동기를 오락, 시간 보내기, 휴식-도피, 사회적 정보 등의 네 가지 요소로 구분하고, 오락 동기의 경우 웹과 텔레비전은 기능적으로 매우 유사한 관계를 유지하고 있음을 규명하고 있는 반면, 휴식 동기에서는 두 매체 간의 경쟁이 발생하지 않는다는 결과를 도출하였다. 즉 휴식은 텔레비전의 주요 이용 동기였지만 웹은 그렇지 않다는 것이다. Ebersole(2000)의 연구에서는 학생들의 웹 이용과 충족 연구에서 웹의 이용 동기를 연구와 학습, 오락, 커뮤니케이션과 상호작용, 시간 보내기 등으로 나누었다. 윤승욱(2009)은 뉴미디어로써 IPTV 수용자들이 어떠한 요인으로 매체를 수용하고 의사가 있는지 파악하는 것은 이용자들의 기대를 충족시켜 줄 다양한 콘텐츠 개발에 도움이 되기 때문에 꼭 이루어져야 할 부분이라고 강조하였다.

전통 매체 이용자들의 이용 의도에 대한 연구 이후로 많은 연구자들은 미디어를 소비하는 시청자들의 이용 의도에 관심을 가져왔으며, 특히 인터넷 등장 이후 현재까지 다양한 미디어들이 등장하였고, 급속하게 진보하고 있는 새롭고 개인화된 매체의 등장과 함께 미디어 수용자들의 미디어 이용 의도에 대한 특성을 다양한 각도에서 파악하려고 노력해 왔다.

인터넷이라는 뉴미디어 등장에 따른 시청자 이용 동기 및 목적에 관한 연구는 2000년대 이후 활발하게 이루어져 왔고, 많은 연구자들은 미디어를 누가(이용자 특성), 무엇을(이용 콘텐츠) 왜(이용 동기) 이용하는가에 초점을 두고 있다. 미디어 수용자들의 특성을 파악하는 많은 연구자들은 '왜?'라는 질문에 관심을 가져 왔으며 소비자의 미디어 수용은 소비자의 이용 동기와 밀접한 관계가 있다는 것이 일반적인 큰 흐름이다.

많은 이용과 충족 연구들은 수용자를 수동적인 존재로 보던 초기 관점과 달리, 수용자가 특정 미디어를 선택하고 이용하는 데 일정한 목적을 갖고 능동적으로 행동한다는 점에 주목하였고(Katz, Blumer, & Gurevitch, 1974; 박인곤, 강형구, 2007), 따라서 다문화가정 구성원이 어떠한 요인으로 매체를 수용하고 의사가 있는지 파악하는 것은 이용자들의 기대를 충족시킬 다양한 미디어 프로그램, 콘텐츠 개발에 기초적인 자료가 되기 때문에 매우 중요하다.

박경숙과 이지현(2011)의 연구에서는 한국 방송 프로그램에 나타난 다문화 현상과 독일에 거주하고 있는 이민자들의 미디어 이용 행태를 고찰하였다. 한국 다문화 관련 TV 방송 프로그램들을 살펴본 결과, 국내 방송은 다문화의 현실을 제대로 반영하지 못하고 있으며, 다문화 현상을 호기심이나 오락의 대상으로만 접근하여 그들이 겪고 있는 문제점들에 대해 피상적으로 접근하고 있는 것으로 나타났고, 독일에 거주하는 이민자의 미디어 접촉과 이용에 대해 살펴본 결과, 이민자들은 미디어 중 TV를 가장 많이 시청하고 있으며, 주로 정보를 얻기 위해 미디어를 이용하는 것으로 나타났다. 또한 독일의 사건뿐만 아니라 모국에 대한 이해를 통해 정체성을 확립하고 의견을 형성하기 위해 모국어 미디어를 이용하고 있는 것으로 나타났다.

이에 본 연구에서는 올바른 다문화 사회 정착과 사회 통합을 위해서는 미디어의 기능이 중요하다는 점에 주목하여, 국내에 거주하는 이주 외국인들이 국내 미디어를 통하여 올바른 다문화 정착을 위해 기여할 수 있도록 우리나라 다문화가정의 미디어 이용 동기 및 이용 행태를 실증분석 하고자 한다.

Ⅲ. 연구 방법론

Ⅲ. 연구 방법론

제1절 연구의 방법

1. 연구의 흐름도

(1) 문헌 검토 및 자료조사

① 연구 목적 및 세부 연구 내용에 대한 전반적인 문헌 조사 및 현황을 파악 실시, ② 다문화주의 개념과 및 현상, 유형, 한국의 다문화가정 현상 분석 실시, ③ 한국의 다문화가족 정책 및 다문화 교육 정책 분석 실시, ④ 기존의 다문화가정 미디어 교육 정책 검토 실시, ⑤ 미디어 이용 동기에 관한 문헌 연구 탐색, ⑥ 사회적 자본 형성에 관한 문헌 연구 검토를 실시하였다.

(2) FGI(Focus Group Interview)

다문화가정에 대한 지원 정책의 문제점을 파악하고 미디어를 활용한 지원 방향에 대한 의견을 수렴하기 위하여 전문가 FGI 실시하였다. ① 다문화 현상에 대한 전문가 3~4명으로 구성하여 다문화 현상에 대해 전반적인 견해를 청취하였다. ② 다문화가정 구성원의 미디어 사용 형태 및 미디어 이용 동기에 대한 측정 항목에 대한 토론 후 기조 항목들을 도출하였다. ③ 자유로운 의견 토론에 대한 내용을 정리 후 설문지 구성에 반영하였다.

(3) 설문지 구성

다문화가정 구성원의 미디어 소비 형태 및 프로그램 및 콘텐츠 수요 조사를 위해 설문지 구성, 데이터 정제 과정(purification process)을 거쳐 중복 항목을 제거하고, 관련 전문가 자문을 거쳐 내적 타당도를 검증하며 추출된 항목들을 대상으로 국내에 거주하는 다문화가정을 대상으로 약 30명으로 구성된 파일럿 조사(pilot study)를 실시하여 문항을 수정 및 보완하여 설문지를 구성하였다.

(4) 자료 수집

다문화가정 정책 전문가 자문 회의 및 FGI를 실시하여 다문화가정 구성원의 미디어 소비 형태 수요 조사 및 미디어 이용 동기 측정 항목 개발 및 분류하고 활용 가능한 다문화가정 구성원 리스트 확보 후 접촉하여 인터뷰 일정을 구성하였다. 본 조사의 조사 대상자는 한국에 거주하는 이주민을 대상으로 하였다. 총 335명을 대상으로 조사할 경우 조사내용에 대한 응답자들의 긍정－부정 반응 비율이 반반이라는 가정 하에 약 ±3% 이내의 오차범위 내에 95% 신뢰수준의 정확도를 얻을 수 있었다. 전국 다문화가정 지원센터 목록과 인구분포도를 활용하여 샘플링 방법을 고려하였다. 본 조사는 연구 보조원들이 직접 이주민 여성 다문화 교실을 방문하여 설문지를 받는 형식으로 하였다. 이주민 여성들의 지역별 안배를 고려해서 샘플링에서 요구하는 방법을 응용하였다. 조사 대상자의 선정은 표본의 대표성을 확보하기 위하여 집락추출법(cluster sampling)과 비례층화추출법(stratified random sampling)의 2단계 표집 과정을 거쳐 표집 하였다.

(5) 자료 분석

본 설문 조사는 다문화가정을 대상으로 설문을 실시한다. 인터뷰, 전문가 자문 회의 및 파일럿 조사(pilot study)를 거쳐 완성된 설문지는 한국어 이해 정도를 고려하여 영어, 중국어, 베트남어, 몽골어로 번역하여 실시하였다. 최종 완성된 설문지는 전국 다문화가정을 대상으로 설문 조사를 실시하였다. 조사 기간은 연구 과제가 시작되고 기초 자료 전문가 자문 회의를 거쳐 실시하였다. 회수된 설문지는 editing → coding을 걸쳐 PC로 처리하고, 통계분석은 SPSS for Windows 18.0을 사용하였다.

2. 사회적 자본 및 미디어 이용 동기 하위 요소 도출 과정

다문화가정 구성원의 미디어 이용 실태를 파악하여 대중 매체 이용이 사회적 자본 형성에 어떤 역할을 하는지에 관한 분석도 병행되어야 한다. 다문화가정의 미디어 이용 동기와 사회적 자본의 하위 요소 분류 항목을 위한 타당성 검증을 총 5단계의 데이터 정제 과정을 거친다. 이 단계에는 탐색적 조사, 설문조사, 요인분석 그리고 신뢰성

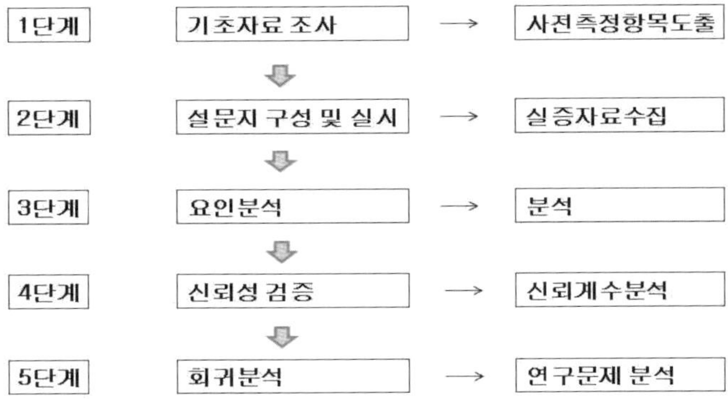

〈그림 3-1〉 다문화가정의 미디어 소비 형태 분석을 위한 데이터 정제 과정

검증을 포함하였다. 탐색적 조사 단계에서는 기초 문헌 연구, 사전 측정 항목 도출을 하였다. 사전조사를 실시하여 측정 항목에 대한 수정・보완을 하여 다문화가정을 대상으로 본 조사를 실시하였다. 수집된 설문지는 데이터 코딩을 하였고 수집된 자료를 바탕으로 탐색적 요인분석을 실시하여 요인 구조를 파악함과 동시에 측정 항목들을 간소하였다. 신뢰도 검증을 실시하여 측정 항목들 간의 내적 일관성을 확인한다. 최종적으로 미디어 이용 동기 분류와 사회적 자본 형성에 미치는 영향을 최종적으로 검증하였다.

3. 연구 문제 도출

본 연구 과제는 다문화가정 구성원의 미디어 이용 실태 파악을 통하여 도출된 미디어 이용 동기 요인을 변수로 선택하여 사회적 자본 형성과의 관계를 통계 분석을 실시하였다. 다문화가정의 미디어 이용을 온라인과 오프라인으로 양분하여 그들이 사회적 연결을 위해 사용

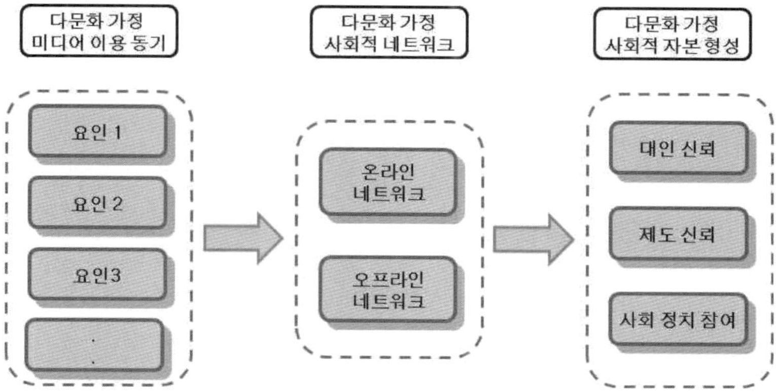

〈그림 3-2〉 제안된 연구 도출 모형

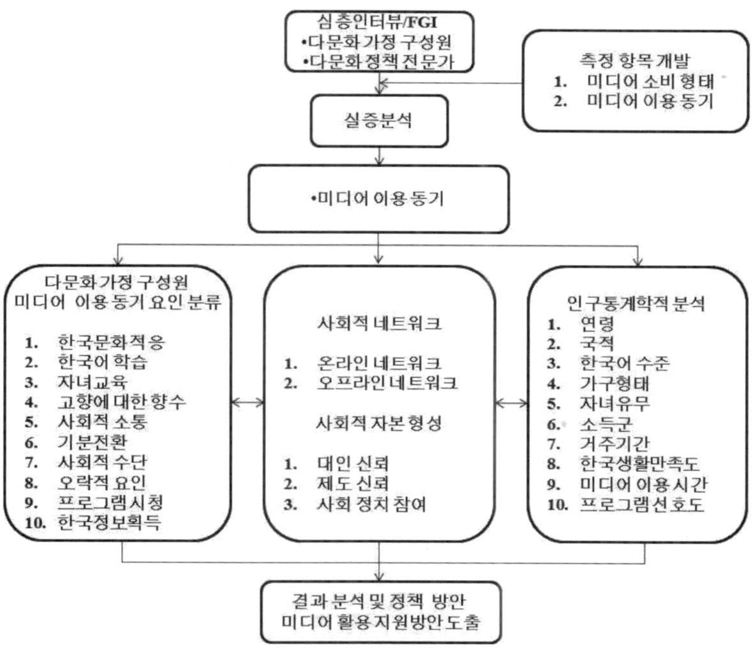

〈그림 3-3〉 연구의 흐름도

하는 미이어 네트워크를 분석하고자 한다. 다문화가정 구성원의 미디어 이용 동기를 세분화하고, 이런 미디어 이용 동기가 사회적 연결과 사회적 자본 형성에 대한 관계를 규명하였다. 이런 관계를 〈그림 3-2〉와 같이 도식화 할 수 있다.

〈그림 3-2〉와 〈그림 3-3〉에서 보듯이 연구 문제 도출과 연구의 흐름도를 바탕으로 연구 가설 및 연구 문제를 다음과 같이 도출하였다.

[연구 문제 1] 다문화가정의 사회인구통계학적 특성은 어떻게 구성되어 있는가?

[연구 문제 2] 다문화가정의 미디어별 이용 형태는 어떠한가?

본 연구에서는 다문화가정의 미디어를 통한 사회적 자본 형성과의 관계를 파악하고자 한다. 그래서 다음과 같이 연구 문제를 도출하였다.

[연구 문제 3] 다문화가정의 사회적 자본 형성 요인들은 어떻게 구성되어 있는가?

[연구 문제 4] 다문화가정의 미디어(텔레비전 및 인터넷) 이용 동기 요인들은 어떻게 구성되어 있는가?

[연구 문제 5] 사회인구통계학적 요인이 사회적 자본 형성과의 관계는 어떠한가?

[연구 문제 6] 매스미디어 이용량과 사회적 자본 형성과의 관계는 어떠한가?

[연구 문제 7] 인터넷 이용 패턴과 사회적 자본 형성과의 관계는 어떠한가?

[연구 문제 8] 텔레비전 이용 패턴과 사회적 자본 형성과의 관계는

어떠한가?

[연구 문제 9] 매스미디어 장르별 이용 패턴과 사회적 자본 형성과 의 관계는 어떠한가?

[연구 문제 10] 신뢰 및 네트워크와 사회, 정치 참여 사회와의 관계는 어떠한가?

4. 설문 항목 도출

다문화가정의 미디어 소비 형태 및 이용 동기, 사회적 자본에 대한 설문을 구성하기 위하여 일 단계로 기존의 문헌 연구와 같은 탐색적 조사를 실시하여 미디어 소비 및 이용 동기 분류의 실증 연구에서 가장 많이 사용되어진 측정 항목들을 일차적으로 추출하였다. 사회적 자본 형성에 관한 설문은 기존의 연구에서 사용된 총 20개 항목이 도출되었다. 또한 설문 문항 구성을 위해 일반적인 척도 개발 연구들에서 사용되는 포커스 그룹 인터뷰(FGI)와 개방형(open-ended) 질문을 통해 초기 항목들을 만들어 내는 방법을 동시에 병행하였다. FGI는 전문가, 다문화가정 및 다문화가정 대학생을 대상으로 총 15명의 학생이 참여 하였다. 개방형 설문은 경영학과 전공 수업 시간에 실시하였다. 개방형 설문은 미디어 소비 형태 및 이용 동기에 관련된 질문을 던져 자유롭게 답하는 식으로 설문지가 구성되었다. 또한 전문가 자문 회의를 통해 미디어 소비 형태 및 이용 동기 그리고 사회적 자본 측정 항목 집합을 도출하였다.

기존의 문헌 연구(곽정래, 박승준, 2006; 조성호, 박희숙, 2009; 윤승욱, 2009; 박인곤, 강형구, 2007)와 FGI을 통해 미디어 소비 형태는 18개의 문항이 도출되었고 미디어 이용 동기는 총28개 항목이 도출되었다.

사회적 자본 형성의 항목은 기존의 연구(곽정래, 박승준, 2006; Bourdieu, 1983; Coleman, 1988; Fukuyama, 1999; Putnam, 1995)에서 예비 항목을 추출하여 사전조사를 통하여 최종 확정하였다. 그리고 본 연구에 맞게 질문을 수정 응용하였다.

전문가 자문 회의와 사전조사 설문을 통해 미디어 이용 동기는 측정 항목의 집합을 도출하였는데 여기에는 오락성, 정보성, 교육성, 사회적 수단, 현실도피 다섯 개 차원의 항목이 도출되었다.

최종 설문지에는 인구통계학적 특성 질문과 미디어 소비 형태, 한국의 다문화 지원 정책, 사회적 자본 및 미디어 이용 동기로 구성되었다. 모든 항목들은 "매우 그렇다"에서 "전혀 그렇지 않다"까지 5점 리커드 척도를 이용하여 측정하였다. 또한 다문화가정 구성원이 온라인과 오프라인에서 활동하고 있는 각종 동아리 모임에 대한 질문도 포함하였다.

본 조사 후에 설문 항목들의 정제 과정을 통해 만들어진 측정 항목들에 대해 요인분석을 실시하여 다문화가정 구성원이 지각하는 미디어의 차원과 그 특성을 조사하는 것이다. 각각의 요인에 적재된 항목들의 내적 일관성(internal consistency)을 조사하기 위하여 탐색적 요인분석(exploratory factor analysis)을 실시하여 도출된 각 요인에 차원명을 부여하고 각 차원에 해당하는 항목들을 조사하였다. 이후 각 요인에 적재된 항목들의 내적 일관성 조사를 실시하였다.

Ⅳ. 연구 결과 분석

Ⅳ. 연구 결과 분석

제1절 인구통계학적 분석

1. 연구 분석 방법

본 연구는 다문화가정의 미디어 소비와 사회적 자본 형성에 관한 연구이다. 다문화가정의 구성원인 이주민 여성들을 대상으로 한 연구로 한정하였고 이주민 여성들의 인구통계학적 특성을 다음과 같이 살펴보았다. 연구 문제와 가설을 파악하기 위해 통계 패키지 SPSS 18.0을 이용해 인구통계학적 자료 분석을 실시하고 본 연구에서는 연구 문제 분석을 위하여 다중회귀분석을 사용하였다.

2. 수집된 표본의 특성

본 조사를 진행하기 전에 수도권 소재 경영학과 학생 80명을 상대로 사전조사를 실시하여 질문의 구성 및 질문 항목과 용어에 대한 이해도를 점검하였다. 사전조사에서 제기된 오타와 설문지 편집 및 용어의 개념을 정확하게 전달하기 위해 문장 수정을 거친 후, 본 조사에서 설문지는 총 350부를 배포하여 350부를 회수하였고 그중 응답이 불성실한 설문지 15부를 제외하여 최종적으로 335부를 본 연구의 결과 분석에 사용하였다. 각 연구 단위들의 측정 항목들에 대한 내적 일관성(internal consistency)의 검증은 크론바흐알파(Cronbach's α) 값으로 검증하였고, 타당성은 요인분석을 통해 검증하였다. 연구 문제 1은 설문에 참여한 다문화가정의 구성원에 대한 사회인구통계학적 특성 분석이다. 본 연구에서 사용된 이주민 여성들의 사회인구통계학적 특성과 주요 변인들에 대한 기술 통계치는 〈표 4-1〉과 〈표 4-2〉에 제시하였다. 먼저 본 연구 설문에 응답한 인원은 여성 335명(100%)이다. 연령별 구성은 20세에서 29세까지 20대가 161명(48.1%)으로 가장 많았고, 30대가 96명(28.7%), 40대가 67명(20%)이고 50세 이상이 11명(3.3%) 순으로 조사되었다. 학력은 초등학교 졸업 이하가 13명(3.9%)이고, 중졸은 75명(22.4%), 고졸 148명(44.2%)으로 제일 많았다. 대졸 이상은 99명(29.6%)이었다. 남편의 직업별 분류를 보면 사무 및 행정 89명(26.8%), 전문, 기술 및 서비스직 72명(21.5%), 자영업 45명(13.4%), 농업 26명(7.8%) 기타 103명(30.7%)으로 구성되었다. 소득별 분류를 보면, 월 100만 원 이하는 55명(16.4%)이고, 100만 원에서 200만 원 사이는 141명(42.1%), 200만 원에서 300만 원 사이는 101명(30.1%), 300만 원에서 400만 원 사이는 27명(8.1%), 400만 원 이상은 11명(3.3%)으로 분류되었다.

다음으로 다문화가정의 국가와 거주 기간, 거주 형태, 자녀 유무 등에 대하여 알아보았다. 먼저 국적을 살펴보면, 베트남 141명(42.1%), 중국 84명(25.1%), 필리핀 82명(24.5%), 캄보디아 6명(1.8%), 인도네시아 4명 (1.2%), 스리랑카 1명(0.3%), 태국 7명(2.1%), 일본 6명(1.8%),

〈표 4-1〉 다문화가정 인구통계학적 특성

인구통계학적 특성 (n=335)		빈도	%
성별	여	335	100
연령	20~29	161	48.1
	30~39	96	28.7
	40~49	67	20
	50~59	11	3.3
학력	초등학교 졸업 이하	13	3.9
	중졸	75	22.4
	고졸	148	44.2
	대졸 이상	99	29.6
남편의 직업	사무 · 행정	89	26.8
	전문 · 기술 · 서비스	72	21.5
	자영업	45	13.4
	농업	26	7.8
	기타	103	30.7
가계 소득	100만 원 이하	55	16.4
	100~200만 원	141	42.1
	200~300만 원	101	30.1
	300~400만 원	27	8.1
	400만 원 이상	11	3.3
국적	베트남	141	421
	중국	84	25.1
	필리핀	82	24.5
	캄보디아	6	1.8
	인도네시아	4	1.2
	스리랑카	1	0.3
	태국	7	2.1
	일본	6	1.8
	우즈베키스탄	4	1.2
거주 기간	1년 이하	100	29.9
	1~2년	51	15.2
	2~3년	52	15.5
	3~4년	107	31.9
	4년 이상	25	7.5
자녀 유무	0명	123	36.7
	1명	84	25.1
	2명	102	30.4
	3명 이상	26	7.8
거주 형태	자가	150	44.8
	전세	88	26.3
	월세	97	29
주택 형태	단독주택	184	54.9
	아파트	53	15.8
	다세대주택	81	24.2
	원룸	17	5.1

〈표 4-2〉 변인들에 대한 기술통계분석 결과 분석

변인 (n=335)	평균	S.D	최소값	최대값
TV 시청 시간	2.70	1.09	1	5
인터넷 이용 시간	2.82	1.20	1	5
모바일 이용 시간	3.11	1.30	1	5
신문 열독량	1.77	0.98	1	5
한국어 능력	2.45	0.74	1	5
생활 만족도	3.50	0.97	1	5
TV 뉴스	0.31	0.46	0	1
TV 교양	0.09	0.29	0	1
TV 오락	0.17	0.38	0	1
TV 드라마	0.64	0.48	0	1
TV 기타	0.13	0.33	0	1
신문 정치시사	0.22	0.41	0	1
신문 스포츠	0.07	0.25	0	1
신문 연예	0.11	0.32	0	1
신문 생활 정보	0.37	0.48	0	1
신문 기타	0.28	0.45	0	1
인터넷 오락 이용	2.77	0.80	1	5
인터넷 정보 이용	2.83	0.74	1	4.33
인터넷 교류 이용	2.72	0.83	1	4.67
인터넷 토론 이용	2.54	0.99	1	5
온라인 네트워크	0.99	2.25	0	9
오프라인 네트워크	0.96	1.64	0	7
TV 시청 시간 보내기	2.98	0.81	1	5
TV 시청 외로움	2.66	0.84	1	5
TV 시청 오락성	2.72	0.89	1	5
TV 시청 한국 문화 적응	3.04	0.83	1	5
TV 시청 향수	3.16	0.81	1	5
대인 신뢰	2.75	0.60	1	4.67
사회제도 신뢰	2.99	0.68	1	5
사회정치 참여	2.95	0.58	1	4.71

〈표 4-3〉 한국어 수준 및 생활 만족도 분석

한국어/생활 만족도 (n=335)		빈도	%
한국어 능력	전혀 못한다	15	4.5
	조금 한다	187	55.8
	보통이다	104	31.0
	조금 잘하는 편이다	26	7.8
	아주 잘한다	3	0.9
한국 생활 만족도	전혀 만족하지 못한다	1	0.3
	조금 한다	38	11.3
	보통이다	162	48.4
	조금 만족한다	59	17.6
	매우 만족	75	22.4

우즈베키스탄 4명(1.2)으로 베트남이 제일 많았다. 한국에서의 거주 기간은 1년 이하가 100명(29.9%), 1년에서 2년 사이가 51명(15.2%), 2년에서 3년 사이가 52명(15.5%), 3년에서 4년 사이가 107명(31.9%), 4년 이상이 25명(7.5%)으로 분류 되었으며, 3년에서 4년 사이가 가장 많은 것으로 조사되었다. 다문화가정의 자녀 유무를 보면 자녀가 없다는 응답자가 123명(36.7%)으로 가장 많았고, 1명인 가정이 84명(25.1%), 2명인 가정이 102명(30.4%), 3명 이상인 가정이 26명(7.8%)으로 분류되었다. 주거 형태에 대한 조사를 보면 자가는 150명(44.8%), 전세는 88명(26.3%), 월세가 97명(29%)으로 조사되었으며, 주택 형태는 단독주택이 184명(54.9%)으로 가장 많았고, 다세대주택 81명(24.2%), 아파트 53명(15.8%), 원룸 17명(5.1%)의 순으로 나타났다.

〈표 4-3〉은 이주민 여성들의 한국어 수준 및 한국 생활 만족도에 대한 분석 결과이다. 먼저 한국어 수준은 전혀 못한다 15명(4.5%), 조금 한다 187명(55.8%), 보통이다 104명(31.0%), 조금 잘 하는 편이다 26명(7.8%), 아주 잘 한다 3명(0.9%)으로 조사되었다. 한국 생활 만족

〈표 4-4〉 미디어 이용 시간

미디어 소비 특성 (n=335)		빈도	%
텔레비전 이용 시간	전혀 이용하지 않는다	32	9.6
	1~2시간	134	40
	2~3시간	105	31.3
	3~5시간	31	9.3
	5시간 이상	33	9.9
인터넷 이용 시간	전혀 이용하지 않는다	55	16.4
	1시간 이하	82	24.5
	1~2시간	94	28.1
	2~3시간	76	22.7
	3시간 이상	28	8.4
모바일폰 이용 시간	전혀 이용하지 않는다	28	8.4
	1시간 이하	100	29.9
	1~2시간	94	28.1
	2~3시간	33	9.9
	3시간 이상	80	23.9
신문 · 잡지 열독량 (일주일 동안)	전혀 이용하지 않는다	183	54.6
	1일 이하	73	21.8
	1~2일	54	16.1
	2~3일	24	7.2
	3일 이상	1	0.3

도는 보통이다가 162명(48.4%)으로 제일 많았고, 매우 만족한다 75명(22.4%), 조금 만족한다 59명(17.6%), 조금한다 38명(11.3%), 전혀 만족하지 못한다 1명(0.3%)순으로 분류되었다.

다음으로 다문화가정의 구성원의 미디어 이용 실태를 매체별로 파악하고자 알아보았다. 〈표 4-4〉는 이주민 여성들의 미디어 이용량에 대한 분석 결과이다. 먼저 텔레비전 이용 시간에 대한 조사를 보면 1~2시간이 134명(40%)으로 가장 많았고, 2~3시간 105명(31.3%),

〈표 4-5〉 TV 장르별 시청 패턴 (중복 응답)

TV 장르별 시청 패턴 (n=335)	빈도	%
뉴스 프로그램	104	31
교양 프로그램	30	9
오락 프로그램	57	17
드라마	215	64.2
기타(어린이/다큐/영화)	43	12.8

〈표 4-6〉 신문 장르별 이용 패턴 (중복 응답)

신문 열독량 (n=335)	빈도	%
정치 시사면 기사	73	21.8
스포츠면 기사	23	6.9
연예면 기사	38	11.3
생활 정보면 기사	124	37
기타(서평/경제)	94	28.1

5시간 이상 33명(9.9%), 전혀 이용하지 않는다 32명(9.6%), 3~5시간 9.3명(9.3%)으로 분류되었다. 인터넷 이용 시간에 대한 조사를 보면 전혀 이용하지 않는다 55명(16.4%), 1시간 이하 82명(24.5%), 1~2시간 94명(28.1%), 2~3시간 76명(22.7%), 3시간 이상 28명(8.4%)으로 조사되었다.

휴대전화 이용 시간에 대한 조사에서는 전혀 이용하지 않는다 28명(8.4%), 1시간 이하 100명(29.9%), 1~2시간 94명(28.1%), 2~3시간 33명(9.9%), 3시간 이상 80명(23.9%)으로 분류되었다. 신문 · 잡지 열독량은 전혀 이용하지 않는다가 183명(54.6%)으로 가장 많았고, 1일 이하 73명(21.8%), 1~2일 54명(16.1%), 2~3일 24명(7.2%), 3일 이상 1명(0.3%)으로 조사되었다.

〈표 4-5〉와 〈표 4-6〉은 다문화가정 구성원의 텔레비전 프로그램

〈표 4-7〉 다문화가정 지원 정책 만족도

다문화 지원 정책 만족도 (n=335)	만족도 수준	빈도	%
가정 지원 정책 (국제결혼/결혼준비교육/가족통합/결혼가족문제 상담/가족폭력 상담 서비스 정책)	불만족	109	32.5
	보통	184	54.9
	만족	42	12.5
한국 교육 지원 정책 조기 적응을 위한 한국어 및 한국 문화 이해/통·번역 지원 서비스)	불만족	65	19.4
	보통	189	56.4
	만족	81	24.2
자녀 교육 지원 정책 (보육·양육 지원/취업 교육/의료 지원/자녀 언어발달/자녀 사회정서/직업 교육/이중언어역량개발)	불만족	71	21.2
	보통	186	55.5
	만족	78	23.3

에 대한 시청 패턴과 신문 장르별 이용 패턴을 조사한 결과이다. 텔레비전의 드라마와 뉴스 및 신문·잡지의 생활 정보면 기사를 가장 많이 이용하는 것으로 조사되었다. 텔레비전의 장르별 시청 패턴에 대한 조사를 보면, 드라마 215명(64.2%), 뉴스 프로그램 104명(31%), 오락 프로그램 57명(17%), 기타 43명(12.8%), 교양 프로그램 30명(9%)의 순이고, 신문·잡지 장르별 이용 패턴 조사는 생활 정보면 기사가 124명(37%), 기타 94명(28.1%), 정치 시사면 기사 73명(21.8%), 38명(11.3%), 스포츠면 기사 23명(6.9%)의 순으로 분류되었다.

다음은 다문화가정 구성원이 다문화가정 지원을 정책별로 얼마나 만족하고 있는지 정도를 파악하고자 알아보았다. 〈표 4-7〉은 한국의 지원 정책에 대한 만족도의 분석 결과이다. 텔레비전과 신문·잡지의 장르별 이용 패턴을 알아보았다. 먼저, 가정지원 정책에 대한 조사를 보면 보통이 184명(54.9%), 불만족 109명(32.5%), 만족 42명(12.5%)의 순으로 조사되었고, 한국 교육 지원 정책에서는 보통 189명(56.4%), 만족 81명(24.2%), 불만족 65명(19.4%)의 순으로 조사되었다. 또한 자

〈표 4-8〉 온/오프라인 모임

(중복 응답)

온/오프라인 모임 (n=335)	온라인		오프라인	
	빈도	%	빈도	%
친목 동아리	41	12.2	52	15.5
동창회	17	5.1	53	15.8
종교 모임	53	15.8	39	11.6
연예/오락/팬클럽 모임	34	10.1	31	9.3
학습/교육 모임	40	11.9	64	19.1
정치 시사 모임	58	17.3	2	0.6
취미/스포츠 모임	33	9.9	45	13.4
자원봉사 모임	32	9.6	35	10.4
기타(제품/회사 커뮤니티)	22	6.6	0	0

녀 교육 지원 정책에 대한 조사에서는 보통이 186명(55.5%)로 가장 많았고, 만족 78명(23.3%), 불만족 71명(21.2%)으로 조사되었다.

다문화가정 구성원이 활동하는 온/오프라인 모임의 유형을 파악하고자 알아보았다. 그 결과는 〈표 4-8〉에 제시하였다. 먼저 온라인 모임에 대한 조사를 보면, 정치 시사 모임 58명(17.3%), 종교 모임 53명(15.8%), 친목 동아리 41명(12.2%), 학습/교육 모임 40명(11.9%), 연예/오락/팬클럽 모임 34명(10.1%), 취미/스포츠 모임 33명(9.9%), 자원봉사 모임 32명(9.6%), 기타(제품/회사 커뮤니티) 22명(6.6%), 동창회 17명(5.1%) 순으로 나타났다. 한편 오프라인 모임에 대한 조사에서는 학습/교육 모임 64명(19.1%), 동창회 53명(15.8%), 친목 동아리 52명(15.5%), 취미/스포츠 모임 45명(13.4%), 종교 모임 39명(11.6%), 자원봉사 모임 35명(10.4%), 연예/오락/팬클럽 모임 31명(9.3%), 정치 시사 모임 2명(0.6%), 기타(제품/회사 커뮤니티) 0명으로 조사되었다.

〈표 4-9〉는 이주민 여성들의 온라인 및 오프라인 모임 활동 수에 대한 분석 결과이다. 다문화가정 구성원이 활동하는 온/오프라인 모

〈표 4-9〉 온/오프라인 모임 활동 수

온/오프라인 모임 (n=335)	온라인		오프라인	
	빈도	%	빈도	%
없다	248	74	217	64.8
1개	17	5.1	29	8.7
2개	37	11	41	12.2
3개	1	0.3	21	6.3
4개	1	0.3	8	2.4
5개 이상	31	9.3	19	5.7

임의 수를 알아보고자 조사하였다. 먼저 온라인 모임 수에 대한 조사를 보면, 없다가 248명(74%)으로 가장 많았고, 2개 37명(115), 5개 이상 31명(9.3%), 1개 17명(5.1%), 3개 1명(0.3%), 4개 1명(0.3%)의 순으로 나타났으며, 오프라인 모임 수에 대한 조사에서는 없다 217명(64.8%), 2개 41명(12.2%), 1개 29명(8.7%), 3개 21명(6.3%), 5개 이상 19명(5.7%), 4개 8명(2.4%)으로 나타났다.

제2절 사회적 자본 및 미디어 이용 동기 요인분석

1. 사회적 자본 예비 항목 추출

연구문제 2, 3 그리고 4는 사회적 자본과 미디어 이용 동기의 하위 요소의 구성에 관한 문제이다. 사회적 자본 항목의 집합을 구성하기 위하여 일 단계로 기존의 문헌 연구와 같은 탐색적 조사를 실시하여 사회적 자본의 실증 연구에서 가장 많이 사용된 측정 항목들을 일차적으로 추출하였다. 또한 설문 문항 구성을 위해 일반적인 척도 개발 연구들에서 사용되는 포커스 그룹 인터뷰(FGI)와 개방형(open-ended) 질문을 통해 초기 항목을 만드는 방법을 동시에 병행하였다. FGI는 총 15명의 대학생이 참여하였다. 개방형 설문은 경영학과 전공 수업 시간에 실시하였다. 개방형 설문은 사회적 자본 형성에 관련된 질문을 던져 자유롭게 답하는 식으로 설문지가 구성되었다. 또한 전문가 자문 회의를 통해 사회적 자본 형성 측정을 위한 질문 항목을 도출하였다. 사회적 자본 형성의 항목은 기존의 연구(곽정래, 박승관, 2006; 이준웅, 김은미, 문태준, 2005; 최윤정, 2008; Bourdieu, 1983; Coleman, 1988; Fukuyama, 1999; Putnam, 1995)에서 예비 항목을 추출하여 사전 조사를 통하여 최종 확정하였다. 다음 단계는 설문 항목들의 정제 과정을 통해 만들어진 사회적 자본 형성 측정 항목인 20개 항목들에 대해 요인분석을 실시하였고, 각각의 요인에 적재된 항목들의 내적 일관성(internal consistency)을 조사하기 위하여 탐험적 요인분석(exploratory factor analysis)을 실시하여 도출된 각 요인에 차원 명을 부여하고 각 차원에 해당하는 항목들을 조사하였다. 이후 각 요인에 적재된 항목들의 내적 일관성 조사를 실시하였다. 모든 항목들은 "매우 그렇다"에서 "전혀 그렇지 않다"까지 5점 리커드 척도를 이용하여 측정하였다.

2. 사회적 자본 탐색적 요인분석

설문 응답 자료를 사용하여 사회적 자본 형성의 20개 질문 항목에 대해 탐험적 요인분석을 실시하였다. 탐험적 요인분석을 위한 요인 추출 방법으로는 주성분 분석(principle component analysis)을, 요인회전 방법으로는 varimax 방식을 사용하였으며, 요인 적재치가 0.5 미만인 항목들과 두 변인 이상에 0.5 이상의 요인 적재치를 가지는 항목들은 분석에서 제외하는 것을 원칙으로 하였다. 요인 선택의 기준이 되는 최소 고윳값(eigen value)은 1로 설정을 하였다. 이를 SPSS 18.0을 이용하여 분석을 실시하였다. 탐색적 요인분석은 측정 항목들 간에 상관관계가 높은 항목들을 찾아내어 몇 개의 공통 요인(common factors)으로 간소화하여 특정 개념의 요인구조를 파악하게 하는 분석 기법이다. 탐색적 요인분석은 척도 개발 과정에서 구성 개념의 특징을 나타내는 하위 차원의 개념들과 세부 측정 항목들을 파악하는 장점이 있다.

사회적 자본 20개 항목들에 대한 요인분석 결과는 〈표 4-10〉과 같다. 요인분석을 실시한 결과, 사회적 자본 20개 항목들은 세 개의 차원을 갖는 것으로 나타났다. 각 요인에 높게 적재된 항목들의 특성에 따라 세 개 요인의 명칭을 다음과 같이 결정하였다. 요인1: 대인신뢰, 요인2: 제도 신뢰, 요인3: 사회정치 참여이다.

요인 1은 대인 신뢰 차원이며 여기에는 이주민 여성들의 사회적 자본 질문 항목 중 '전체적으로 한국 사람들은 대체적로 믿을 만하다', '내가 아는 한국 사람들은 대체로 믿을 만하다', '전체적으로 한국 사람들은 자기 몫만 챙기려 한다', '내가 아는 한국 사람들은 자기 몫만 챙기려 한다', '전체적으로 한국 사람들은 공정하게 거래한다', '내가 아는 한국 사람들은 공정하게 거래한다', '나는 한국에서 알게 된 사람들에 대해 결속감을 느낀다', '나는 한국에서 알게 된 사람들에 동료 의식을 느낀다', '나는 한국에서 알게 된 사람들에 대해 유대감을 느낀다', 9개 항목이 적재되었다.

요인 2는 제도 신뢰 차원이며 여기에는 이주민 여성들의 사회적 자본 질문 항목 중 '한국 정부에 대해 대체적으로 신뢰하는 편이다', '지역의 공무원들에 대해 대체적으로 신뢰하는 편이다', '한국 신민단

〈표 4-10〉 사회적 자본에 대한 요인분석

	요인 적재값	eigen	신뢰도
대인 신뢰		2.75	.795
전체적으로 한국 사람들은 대체적로 믿을 만하다.	.813		
내가 아는 한국 사람들은 대체로 믿을 만하다.	.711		
전체적으로 한국 사람들은 자기 몫만 챙기려 한다.	.592		
내가 아는 한국 사람들은 자기 몫만 챙기려 한다.	.527		
전체적으로 한국 사람들은 공정하게 거래한다.	.558		
내가 아는 한국 사람들은 공정하게 거래한다.	.663		
나는 한국에서 알게 된 사람들에 대해 결속감을 느낀다.	.861		
나는 한국에서 알게 된 사람들에 동료의식을 느낀다.	.709		
나는 한국에서 알게 된 사람들에 대해 유대감을 느낀다.	.843		
제도신뢰		7.35	.916
한국 정부에 대해 대체적으로 신뢰하는 편이다.	.804		
지역의 공무원들에 대해 대체적으로 신뢰하는 편이다.	.736		
한국 신민단체(NGO, YMCA, 이주민단체)에 대해 대체적으로 신뢰하는 편이다.	.820		
한국 국회에 대해 대체적으로 신뢰하는 편이다.	.806		
한국 법원에 대해 대체적으로 신뢰하는 편이다.	.601		
한국 언론(TV, 신문, 인터넷)을 대체적으로 신뢰하는 편이다.	.822		
한국 기업을 대체적으로 신뢰하는 편이다.	.544		
사회정치 참여		1.58	.823
여건이 허락한다면 자원봉사 활동에 참여할 의향이 있다.	.763		
기회가 있다면 신민단체에 참여할 의향이 있다.	.726		
지역구 의원, 국회의원, 각종 선거 투표에 참여할 의향이 있다.	.643		
나는 정치적인 활동(선거활동, 정당가입 등)에 참여할 의향이 있다.	.839		

체(NGO, YMCA, 이주민단체)에 대해 대체적으로 신뢰하는 편이다', '한국 국회에 대해 대체적으로 신뢰하는 편이다', '한국 법원에 대해 대체적으로 신뢰하는 편이다', '한국 언론(TV, 신문, 인터넷)을 대체적으로 신뢰하는 편이다', '한국 기업을 대체적으로 신뢰하는 편이다', 9개 항

〈표 4-11〉 측정 질문 항목, 평균값과 표준편차

변수	측정 항목	평균값	S.D
대인 신뢰(9)	대인1	2.64	.842
	대인2	2.87	.937
	대인3	2.67	.990
	대인4	2.49	.822
	대인5	2.87	.791
	대인6	2.94	.887
	대인7	3.06	.947
	대인8	3.10	.935
	대인9	2.94	.900
제도 신뢰(7)	제도1	2.90	.831
	제도2	2.92	.762
	제도3	3.02	.748
	제도4	2.95	.707
	제도5	3.16	.957
	제도6	2.91	.927
	제도7	2.98	.925
사회정치 참여(4)	참여1	2.45	.976
	참여2	3.00	.862
	참여3	3.02	.732
	참여4	3.15	.867

목이 적재되었다.

요인 3은 사회정치 참여 차원이며 여기에는 이주민 여성들의 사회적 자본 질문 항목 중 '여건이 허락한다면 자원봉사 활동에 참여할 의향이 있다', '기회가 있다면 신민단체에 참여할 의향이 있다', '지역구 의원, 국회의원, 각종 선거 투표에 참여할 의향이 있다', '나는 정치적인 활동(선거 활동, 정당 가입 등)에 참여할 의향이 있다, 4개 항목이 적재되었다.

측정 항목 정화를 위해 크론바흐알파, 탐색적 요인분석을 실시하였다. 전체 측정 항목들에서 요인 적재치(factor loading)는 0.5보다 높은 것으로 나타나 제거 항목은 없었다. 사회적 자본의 하위 3개 요인들의 크론바흐알파 값은 아래 〈표 4-10〉과 값이 나타나 사회과학에서 제시한 기준치 .70 이상을 만족하는 것으로 나타났다. 각 항목에 대한 평균값과 표준편차는 〈표 4-11〉과 같이 나타났다.

3. 미디어 이용 동기에 대한 예비 항목 추출

미디어 이용 동기에 대한 질문 항목 추출을 위하여 일 단계로 기존의 문헌 연구와 같은 탐색적 조사를 실시하여 미디어 이용 동기 연구에서 가장 많이 사용된 측정 항목들을 일차적으로 추출하였다. 또한 설문 문항 구성을 위해 일반적인 척도 개발 연구들에서 사용되는 포커스 그룹 인터뷰(FGI)와 개방형(open-ended) 질문을 통해 초기 항목들을 만들어 내는 방법을 동시에 병행하였다. FGI는 대학생을 대상으로 총 15명의 학생이 참여 하였다. 개방형 설문은 경영학과 전공 수업시간에 실시하였다. 개방형 설문은 미디어 이용 동기에 관련된 질문을 던져 자유롭게 답하는 식으로 설문지가 구성되었다. 또한 전문가 자문회의를 통해 미디어 이용 동기에 대한 질문 항목을 도출하였다.

기존의 문헌 연구(박인곤, 강형구, 2007; 윤승욱, 2009; 조성호, 박희숙, 2009)와 FGI을 통해 미이어 이용 동기는 총28개 항목이 도출되었다. 다음 단계는 설문 항목들의 정제 과정을 통해 만들어진 미디어 이용 동기 질문 28개 항목들에 대해 요인분석을 실시하였다. 각각의 요인에 적재된 항목들의 내적 일관성(internal consistency)을 조사하기 위하여 탐험적 요인분석(exploratory factor analysis)을 실시하여 도출된 각 요인에 차원 명을 부여하고 각 차원에 해당하는 항목들을 조사하였다. 이후 각 요인에 적재된 항목들의 내적 일관성 조사를 실시하였다.

4. 미디어 이용 동기에 대한 탐색적 요인분석

설문 응답 자료를 사용하여 미디어 이용 동기 28개 항목에 대해 탐색적 요인분석을 실시하였다. 그 결과 6개 항목이 이 기준치에 미치지 못하는 것으로 드러났다. 총 6개 항목을 제외한 22개 항목을 미디어 이용 동기 분석에 사용하였다.

미디어 이용 동기의 22개 항목에 대한 요인분석 결과는 〈표 4-12〉와 같다. 요인분석을 실시한 결과, 미디어 이용 동기의 22개 항목은 네 개의 차원을 갖는 것으로 나타났다. 각 요인에 높게 적재된 항목들의 특성에 따라 네 개 요인의 명칭을 요인1: 시간 보내기, 요인2: 문화 적응, 요인3: 오락성, 요인4: 외로움(향수)으로 분류하였다.

요인 1은 시간 보내기 차원이며 여기에는 이주민 여성들의 미디어 중 텔레비전 이용 동기 질문 항목 중 '습관적으로 이용하거나 본다', '나를 편하게 해 준다', 'TV가 있으니까 그냥 본다', '스트레스 해소 및 기분 전환을 위해서 보거나 한다', '이야깃거리를 제공한다', 5개 항목이 적재되었다.

요인 2는 문화 적응 차원이며 여기에는 이주민 여성들의 미디어 중 텔레비전 이용 동기 질문 항목 중 '한국어를 빨리 배우기 위해서 보거나 이용한다', '한국 문화에 빨리 적응할 수 있어서 이용한다', '한국에 대한 정보가 많아서 보거나 이용한다', '내가 경험하지 못한 일을 간접적으로 경험하기 위해서이다', '한국에 사는 나와 같은 처지의 사람들이 어떻게 사는지 알 수 있기 때문에 이용한다', '정보를 얻

〈표 4-12〉 미디어 이용 형태에 대한 요인분석

질문 항목	요인 적재값	eigen	신뢰도
시간 보내기	.814	11.10	.899
습관적으로 이용하거나 본다.	.792		
나를 편하게 해 준다.	.792		
TV가 있으니까 그냥 본다.	.804		
스트레스 해소 및 기분 전환을 위해서 보거나 한다.	.754		
이야깃거리를 제공한다.	.719		
문화 적응		3.23	.887
한국어를 빨리 배우기 위해서 보거나 이용한다.	.748		
한국 문화에 빨리 적응할 수 있어서 이용한다.	.798		
한국에 대한 정보가 많아서 보거나 이용한다.	.608		
내가 경험하지 못한 일을 간접적으로 경험하기 위해서이다.	.638		
한국에 사는 나와 같은 처지의 사람들이 어떻게 사는지 알 수 있기 때문에 이용한다.	.770		
정보를 얻기 위해서이다.	.618		
오락성		2.10	.912
TV 시청은 나를 즐겁게 해 준다.	.672		
TV 시청하는 것이 재미있다.	.814		
TV를 보는 것을 원래 좋아한다.	.546		
좋아하는 연예인이 나와서 보거나 이용한다.	.545		
여가 생활의 수단이다.	.616		
외로움(향수)		1.94	.892
혼자 있다는 느낌이 싫어서 한다.	.732		
외로움을 달래기 위해서 한다.	.844		
고민과 걱정을 달래 준다.	.838		
같이 이야기하거나 함께 시간 보낼 사람이 없어서 보거나 이용한다.	.750		
고국에 정보를 얻기 위해서 보거나 이용한다.	.782		
고국에 대한 그리움 때문에 보거나 이용한다.	.834		

〈표 4-13〉 측정 질문 항목, 평균값과 표준편차

변수	측정 항목	평균값	S.D
시간 보내기(5)	시간1	2.95	.970
	시간2	3.04	.980
	시간3	2.89	.929
	시간4	2.97	1.01
	시간5	3.05	.908
문화 적응(6)	문화1	3.04	1.10
	문화2	3.24	.980
	문화3	3.17	.816
	문화4	3.16	.926
	문화5	3.16	.997
	문화6	3.08	1.04
오락성(5)	오락1	3.12	.995
	오락2	3.04	.934
	오락3	2.89	.929
	오락4	2.97	1.01
	오락5	3.05	.908
외로움(향수)(6)	향수1	2.76	.969
	향수2	2.57	1.00
	향수3	2.66	.923
	향수4	2.63	.973
	향수5	3.19	.942
	향수6	3.13	.900

기 위해서이다', 6개 항목이 적재되었다.

요인 3은 오락성 차원이며 여기에는 이주민 여성들의 미디어 중 텔레비전 이용 동기 질문 항목 중 'TV 시청은 나를 즐겁게 해 준다', 'TV 시청하는 것이 재미있다', 'TV를 보는 것을 원래 좋아한다', '좋아하는 연예인이 나와서 보거나 이용한다', '여가 생활의 수단이다', 5개 항목이 적재되었다.

요인 4는 외로움(향수) 차원이며 여기에는 이주민 여성들의 미디어 중 텔레비전 이용 동기 질문 항목 중 '혼자 있다는 느낌이 싫어서 한다', '외로움을 달래주기 위해서 한다', '고민과 걱정을 달래준다', '같이 이야기하거나 함께 시간 보낼 사람이 없어서 보거나 이용한다', '고국에 정보를 얻기 위해서 보거나 이용한다', '고국에 대한 그리움 때문에 보거나 이용한다, 6개 항목이 적재되었다.

척도 개발을 위한 측정 항목 정화를 위해 크론바흐알파(cronbach α), 탐색적 요인분석을 실시하였다. 6개 항목을 제외한 측정 항목들에서 요인 적재치(factor loading)은 0.5보다 높은 것으로 나타났다. 미디어 이용 동기의 하위 4개 요인들의 크론바흐알파 값은 〈표 4-12〉와 같이 값이 나타나 사회과학에서 제시한 기준치 .70 이상을 만족하는 것으로 나타났다. 각 항목에 대한 평균값과 표준편차는 〈표 4-13〉과 같이 나타났다.

5. 인터넷 이용 동기에 대한 예비 항목 추출

온라인 네트워크를 측정하기 위해 인터넷을 이용하는 동기에 대해 미디어 이용 동기 질문 항목을 응용하여 총 12개 항목을 도출하였다. 위 방법과 동일하게 통계학적 절차를 밟았다.

6. 인터넷 이용 동기에 대한 탐색적 요인분석

설문 응답 자료를 사용하여 인터넷 이용 동기 12개 항목에 대해 탐색적 요인분석을 실시하였다. 탐색적 요인분석을 위한 요인추출 방법으로는 주성분 분석(principle component analysis)을, 요인회전 방법으로는 varimax 방식을 사용하였으며, 요인적재치가 0.5 미만인 항목들과 두 변인 이상에 0.5 이상의 요인 적재치를 가지는 항목들은 분석에서 제외하는 것을 원칙으로 하였다. 요인 선택의 기준이 되는 최소 고윳값(eigen value)은 1로 설정을 하였다. 이를 SPSS 15.0을 이용하여 분석을 실시하였다.

인터넷 이용 동기 12개 항목들에 대한 요인분석 결과는 〈표 4-14〉와 같다. 요인분석을 실시한 결과, 인터넷 이용 동기 12개 항목들은 네 개의 차원을 갖는 것으로 나타났다. 각 요인에 높게 적재된 항목들의 특성에 따라 네 개 요인의 명칭을 요인1: 인터넷 오락, 요인2: 인

〈표 4-14〉 인터넷 이용 동기에 대한 요인분석

질문 항목	요인 적재값	eigen	신뢰도
인터넷 오락		4.310	.769
쇼핑을 한다.	.678		
게임을 한다.	.705		
음악이나 다운로드하거나 듣는다.	.795		
드라마나 영화를 본다.	.780		
인터넷 정보		1.971	.887
정치/시사 관련 정보를 본다.	.567		
스포츠/연예/오락 관련 정보를 본다.	.540		
인터넷(온라인) 신문을 본다.	.814		
인터넷 교류		1.688	.787
인터넷 커뮤니티, 카페, 팬클럽 등을 방문하기 위해 이용한다.	.902		
인터넷(스마트폰)을 통해 다른 사람들과 이야기한다.	.613		
인터넷을 통해 이메일을 주고받는다.	.694		
인터넷 토론		1.487	.913
정치, 시사 관련 온라인 토론에 참여한다.	.719		
연예, 스포츠, 오락 관련 토론에 참여한다.	.796		

터넷 정보, 요인3: 인터넷 교류, 요인4: 인터넷 토론으로 구성하였다.

요인 1은 인터넷 오락 차원이며 여기에는 이주민 여성들의 인터넷 이용 동기 질문 항목 중 '쇼핑을 한다', '게임을 한다', '음악이나 다운로드하거나 듣는다', '드라마나 영화를 본다', 4개 항목이 적재되었다.

요인 2는 인터넷 정보 차원이며 여기에는 이주민 여성들의 인터넷 이용 동기 질문 항목 중 '정치/시사 관련 정보를 본다', '스포츠/연예/오락 관련 정보를 본다', '인터넷(온라인) 신문을 본다', 3개 항목이 적재되었다.

요인 3은 인터넷 교류 차원이며 여기에는 이주민 여성들의 인터넷 이용 동기 질문 항목 중 '인터넷 커뮤니티, 카페, 팬클럽 등을 방문하기 위해 이용한다', '인터넷(스마트폰)을 통해 다른 사람들과 이야기한다', '인터넷을 통해 이메일을 주고받는다', 3개 항목이 적재되었다.

요인 4는 인터넷 토론 차원이며 여기에는 이주민 여성들의 인터넷

〈표 4-15〉 측정 질문 항목, 평균값과 표준편차

변수	측정 항목	평균값	S.D
인터넷오락(4)	오락1	2.82	1.02
	오락2	2.59	.949
	오락3	2.77	1.01
	오락4	2.89	1.03
인터넷정보(3)	정보1	2.87	.970
	정보2	2.80	.759
	정보3	2.84	.937
인터넷 교류(3)	교류1	2.63	.951
	교류2	2.65	.999
	교류3	2.88	1.02
인터넷 토론(2)	토론1	2.53	1.10
	토론2	2.54	.950

이용 동기 질문 항목 중 '정치, 시사 관련 온라인 토론에 참여한다', '연예, 스포츠, 오락 관련 토론에 참여한다', 2개 항목이 적재되었다.

척도 개발을 위한 측정 항목 정화를 위해 크론바흐알파, 탐색적 요인분석을 실시하였다. 전체 측정 항목들에서 요인 적재치(factor loading)은 0.5보다 높은 것으로 나타나 제거 항목은 없었다. 웰빙 소비자 유형별 분류 측정 지수의 하위 8개 요인들의 크론바흐알파 값은 〈표 4-14〉와 값이 나타나 사회과학에서 제시한 기준치 .70 이상을 만족하는 것으로 나타났다. 각 항목에 대한 평균값과 표준편차는 〈표 4-15〉와 같이 나타났다.

제3절 사회적 자본 형성에 미치는 영향 분석

1. 사회인구통계학적 요소와 사회적 자본 형성과의 관계

연구 문제 5는 사회 인구통계학적 특성과 사회적 자본과의 관계에 대한 문제이다. 〈표 4-16〉에 나타난 바와 같이 이주민 여성들의 사회 인구통계학적 요소는 대인, 제도 신뢰, 온라인, 오프라인 네트워크 및 사회정치 참여에 부분적으로 영향을 주는 것으로 나타났다. 이주민 여성들의 연령대는 신뢰, 네트워크 및 사회정치 참여에 영향을 주지 않는 것으로 나타났다. 국적은 대인 신뢰에는 긍정적인 영향을 미치는 것으로 나타났고(β=.139, p<.05), 오프라인 네트워크에 긍정적인 영향을 미치는 것으로 드러났다((β=.111, p<.10). 이주민 여성들의 학력은 대인, 제도 신뢰에는 부정적인 영향을 미치는 것으로 나타

〈표 4-16〉 인구통계학적 요인이 사회적 자본 형성에 미치는 영향

변인	대인 신뢰	제도 신뢰	온라인	오프라인	사회정치 참여
연령	-.021	.013	-.058	-.082	-.005
국적	.139*	-.064	-.034	.111+	-.008
학력	-.168**	-.150**	.006	.012	-.144**
월수입	.026	-.039	.017	.057	-.094*
거주 기간	.028	-.045	-.072	-.155*	-.029
한국어 능력	.136	.038	-.058	.101+	.068
한국 생활 만족도	.145*	.235***	.497***	.056	.320***
R^2(%)	27.2***	28.5***	27.5***	21.4**	11.8***

주: 표준화된 회귀계수(β).
+p<.10, *p<.05, **p<.01, ***p<.001

났고(β=-.168, p<.01, β=-.150, p<.01), 또한 사회정치 참여에는 부정적인 영향을 미치는 것으로 나타났다(β=-.144, p<.01). 월수입은 사회정치 참여에만 부정적인 영향을 미치는 것으로 드러났다(β=-.094, p<.05). 한국에서의 거주 기간은 오프라인 네트워크에 부정적인 영향을 미치는 것으로 드러났다(β=-.155, p<.05). 한국어 능력은 오프라인 네트워크에 긍정적인 영향을 미치는 것으로 드러났다(β=.101, p<.10). 한국에서의 생활 만족도는 대인 및 제도 신뢰에 긍정적인 영향을 미치는 것으로 나타났고(β=.145, p<.05, β=.235, p<.001), 온라인 네트워크에 긍정적인 영향을 미치는 것으로 드러났다(β=.497, p<.001). 한국 생활 만족도는 사회정치 참여에 정의 영향을 미치는 것으로 드러났다(β=.320, p<.001).

2. 매스미디어 이용량과 사회적 자본 형성과의 관계

연구 문제 6은 매스미디어 이용량과 사회적 자본과의 관계에 대한 문제이다. 〈표 4-17〉에서와 같이 이주민 여성들의 텔레비전 시청량은 비록 유의도는 약하지만 제도 신뢰에 긍정적인 영향을(β=.111, p<.10) 미치고 있다. 하지만 대인신뢰와 사회정치 참여에는 영향을 주지 못하는 것으로 드러났다. 온라인 및 오프라인 네트워크에 부정적인 영향을 주는 것으로 드러났다(β=-.153, p<.05, β=-.369, p<.001). 인터넷 이용량은 제도 신뢰와 사회정치 참여에 별다른 영향을 주지 않는 것으로 드러났지만 대인 신뢰에 긍정적인 영향을(β=.279, p<.001), 온라인 및 오프라인 네트워크에 긍정적인 영향을 미치는 것으로 드러났다(β=.438, p<.001, β=.313, p<.001). 신문 열독량은 대인 신뢰(β=.295, p<.001)와 오프라인 네트워크(β=.292, p<.001)에 긍정적인 영향을 비록 유의도는 약하지만 제도신뢰(β=.104, p<.10)에도 정의 영향을 미치는 것으로 드러났다. 온라인 네트워크(β=-.106, p<.05)와 사회정치 참여(β=-.112, p<.05)에 부정적인 영향을 미치는 것으로 조사되었다. 인터넷 이용량은 대인신뢰(β=-279, p<.001)에 부정적인 영

〈표 4-17〉 매스미디어 이용량이 사회적 자본 형성에 미치는 영향

변인	대인 신뢰	제도 신뢰	온라인	오프라인	사회정치 참여
TV 시청량	.047	.111+	-.153*	-.369***	-.044
신문 열독량	.295***	.104+	-.106*	.292***	-.112*
인터넷 이용량	-.279***	-.009	.438***	.313***	.115
모바일 이용량	-.013	-.117	.251***	.216**	.102
R^2(%)	16.4***	17.3***	36.2***	28.5**	22.7***

주: 표준화된 회귀계수(β).
+p<.10, *p<.05, **p<.01, ***p<.001

향을 온라인(β=.438, p<.001)과 오프라인 네트워크(β=.313, p<.01)에 정의 영향 관계를 가지는 것으로 드러났다. 마지막으로 모바일 이용량은 온라인(β=.251, p<.001)과 오프라인 네트워크(β=.216, p<.001)에 긍정적인 영향을 미치는 것으로 드러났다.

3. 인터넷 이용 패턴과 사회적 자본 형성과의 관계

연구문제 7은 인터넷 이용 패턴과 사회적 자본과의 관계에 대한 문제였다. 〈표 4-18〉에 나타난 것과 같이 이주민 여성들의 인터넷 이용 패턴의 하위 요소들은 부분적으로 신뢰, 네트워크 그리고 사회정치 참여에 영향을 주는 것으로 드러났다.

인터넷 오락은 온라인 및 오프라인 네트워크에 영향을 미치는 것으로 드러났고(β=.754, p<.001, β=.224, p<.05). 사회정치 참여에 긍정적인 영향을 미치는 것으로 나타났다(β=.222, p<.05). 인터넷 정보는 신뢰, 네트워크 그리고 사회정치 참여에 별다른 영향을 미치지 못하는 것으로 드러났다. 인터넷 교류는 제도 신뢰(β=.232, p<.05)에 긍정적인 영향을 온라인 네트워크(β=-.513, p<.001)에 부정적인 영향

〈표 4-18〉 인터넷 이용 패턴이 사회적 자본 형성에 미치는 영향

변인	대인 신뢰	제도 신뢰	온라인	오프라인	사회정치 참여
인터넷 오락	-.005	-.144	.754***	.224*	.222*
인터넷 정보	.043	.075	-.078	.073	.098
인터넷 교류	.682	.232*	-.513***	.058	-.130
인터넷 토론	-.399	.142*	.145*	-.109	.216*
R^2(%)	29.4***	28.3***	27.4***	26.5***	13.7***

주: 표준화된 회귀계수(β).
+p<.10, *p<.05, **p<.01, ***p<.001

을 미치는 것으로 드러났다. 다른 요소인 대인 신뢰와 오프라인 네트워크 그리고 사회정치 참여에 영향을 미치지 못하는 것으로 드러났다. 인터넷 토론은 대인 신뢰와 오프라인 네트워크에 별다른 영향 관계를 발견하지 못했다. 그러나 인터넷 토론은 제도신뢰(β=.142, p<.05), 온라인 네트워크(β=.145, p<.05) 및 사회정치 참여(β=.216, p<.05)에 긍정적인 영향을 미치는 것으로 드러났다.

4. 텔레비전 이용 패턴과 사회적 자본 형성과의 관계

연구 문제 8은 텔레비전 이용 패턴과 사회적 자본과의 관계에 대한 문제였다. 〈표 4-19〉는 텔레비전 이용 동기와 신뢰, 네트워크 및 사회정치 참여와 관계를 분석한 것이다. 시간 보내기 요소는 사회정치 참여를 제외한 대인 신뢰(β=.358, p<.001) 및 제도 신뢰(β=.171, p<.05)와 온라인(β=.225, p<.01) 및 오프라인 네트워크(β=.267, p<.001)에 영향을 주는 것으로 드러났다. 문화 적응은 오프라인 네트워크에 영향 관계가 없었지만 대인(β=-.264, p<.001) 및 제도 신뢰(β=-.275, p<.001), 온라인 네트워크(β=-.148, p<.05) 그리고 사회정치 참여(β=-.221,

〈표 4-19〉 텔레비전 이용 패턴이 사회적 자본 형성에 미치는 영향

변인	대인 신뢰	제도 신뢰	온라인	오프라인	사회정치 참여
시간 보내기	.358***	.171*	.225**	.267***	.033
문화 적응	-.264***	-.275***	-.148*	-.101	-.221***
오락성	.140*	.033	-.014	-.085	.274***
향수	.140*	.556***	-.066	-.098	.238***
R^2(%)	22.0***	31.8***	23.2**	12.2**	12.6***

주: 표준화된 회귀계수(β).
+p<.10, *p<.05, **p<.01, ***p<.001

p<.001)에 부정적인 영향을 미치는 것으로 나타났다. 오락성은 제도 신뢰와 온라인 및 오프라인 네트워크에 영향을 미치지 않았지만 대인 신뢰(β=.140, p<.05), 사회정치 참여(β=.274, p<.01)에 영향을 미치는 것으로 드러났다. 외로움(향수)은 온라인 및 오프라인 네트워크에 별다른 영향을 주지 않았지만 대인(β=.140, p<.05) 및 제도신뢰(β=.556, p<.001)에 긍정적인 영향을, 그리고 사회정치 참여(β=.180, p<.05)에 긍정적인 영향을 미치는 것으로 드러났다.

5. 장르별 이용 패턴과 사회적 자본 형성과의 관계

연구 문제 9는 매스미디어 장르별 이용 패턴과 사회적 자본과의 관계에 대한 문제였다. 〈표 4-20〉에 제시된 바와 같이 다변인 회귀 분석 결과를 보면 이주민 여성들은 텔레비전의 장르별과 신문의 이용 패턴은 신뢰와 네트워크 및 사회정치 참여에 밀접한 관계가 있는 것으로 드러났다. 텔레비전 뉴스는 대인 신뢰(β=-.146, p<.05)와 오프라인 네트워크(β=-.166, p<.05)에 부정적인 영향을 미치는 것으로 드러났고 다른 요소에는 별다른 영향을 미치지 못하는 것으로 나타났다. 텔레비전 교양은 대인 및 제도 신뢰에 영향을 주지 않는 것으로 나타났지만, 온라인(β=.176, p<.001) 및 오프라인 네트워크(β=.224, p<.001)그리고 사회정치 참여(β=.114, p<.05)에 영향을 미치는 것으로 드러났다. 텔레비전 오락 프로그램은 오프라인 네트워크에 영향을 주지 않았지만 온라인 네트워크(β=.305, p<.001), 사회정치 참여(β=.206, p<.001)에 영향을 주는 것으로 드러났다. 대인(β=.096, p<.10) 및 제도신뢰(β=.092, p<.10)는 유의도는 약하지만 영향을 주는 것으로 나타났다. 텔레비전 드라마는 사회정치 참여에 별다른 영향을 주지 않

〈표 4-20〉 장르별 매체 이용 패턴이 사회적 자본 형성에 미치는 영향

변인	대인 신뢰	제도 신뢰	온라인	오프라인	사회정치 참여
TV 뉴스	-.146*	.100	-.055	-.166*	.079
TV 교양	-.040	-.039	.176***	.224***	.114*
TV 오락	.096+	.092+	.305***	-.050	.206***
TV 드라마	-.194*	-.181*	.103+	.177*	-.094
TV 기타 (어린이/영화/다큐)	-.200*	.102	.482***	.092	.333***
신문 정치시사	.116*	.232***	.087+	.258***	.079
신문 스포츠	.130*	.035	-.064	.010	.012
신문 연예	.118*	-.081	.108*	.105*	-.081
신문 생활 정보	.108+	-.066	-.248***	.081	-.199***
신문 기타 (서평/경제)	-.150*	-.201***	.048	.339***	-.224***
R^2(%)	15.9***	21.6***	39.1***	23.1***	27.0***

주: 표준화된 회귀계수(β).
+p<.10, *p<.05, **p<.01, ***p<.001

았고 유의도는 약하지만 온라인 네트워크(β=.103, p<.10)에 영향을 미치는 것으로 드러났고 대인 신뢰(β=-.194, p<.05) 및 제도 신뢰(β= -.181, p<.05)에서는 부정적인 영향을 미치는 것으로 드러났다. 텔레비전 드라마는 오프라인 네트워크(β=.177, p<.05)에 긍정적인 영향을 미치는 것으로 드러났다. 텔레비전 기타인 어린이, 영화, 다큐멘터리는 오프라인(β=.482, p<.001)과 사회정치 참여(β=.333, p<.001)에 긍정적인 영향을 대인신뢰(β=-.200, p<.05)에 부정적인 영향을 미치는 것으로 드러났다.

신문 정치기사는 사회정치 참여에 영향을 주지 않았고 온라인 네트워크(β=.087, p<.10)에서는 유의도는 약하지만 긍정적인 영향을 미치는 것으로 나타났다. 그리고 대인(β=.116, p<.05) 및 제도 신뢰(β= .232, p<.001)와 오프라인 네트워크(β=.258, p<.001)에 긍정적인 영

향을 미치는 것으로 드러났다. 신문 스포츠면 열독은 대인 신뢰에서만 영향을 미치는 것으로 드러났다(β=.130, $p<.05$). 신문 연애 열독은 대인 신뢰(β=.118, $p<.05$)와 온라인(β=.105, $p<.05$) 및 오프라인 네트워크(β=.108, $p<.05$)에 긍정적인 영향을 미치는 것으로 드러났다. 신문의 생활 정보 열독은 온라인 네트워크(β=-.248, $p<.001$)와 사회정치 참여(β=-.199, $p<.001$)에 부정적인 영향을 미치는 것으로 드러났고 유의도는 약하지만 대인 신뢰(β=.108, $p<.10$)에도 영향을 주는 것으로 드러났다. 신문 기타인 서평 및 경제는 오프라인(β=.339, $p<.001$)에 긍정적인 영향을 대인(β=-.150, $p<.05$) 및 제도 신뢰(β=-.201, $p<.001$)에 부정적인 영향을 미치는 것으로 조사되었다. 그리고 사회정치 참여(β=-.224, $p<.001$)에 부정적인 영향을 미치는 것으로 드러났다.

6. 신뢰 및 네트워크와 사회정치 참여와의 관계

연구 문제 10은 신뢰와 네트워크와 사회정치 참여와의 관계에 대한 문제이다. 〈표 4-21〉에 나타난 것과 같이 이주민 여성들의 대인 및 제도 신뢰 그리고 네트워크가 사회정치 참여에 미치는 영향에 대

〈표 4-21〉 신뢰와 네트워크가 사회정치 참여에 미치는 영향

변인	온라인	오프라인	사회정치 참여
대인 신뢰	-.206***	.227***	.075+
제도 신뢰	.022	-.240***	.529***
온라인 네트워크	-	.222***	-.143***
오프라인 네트워크	.170**	-	.465***
R^2(%)	32.6***	28.8***	55.3***

주: 표준화된 회귀계수(β).
+p<.10, *p<.05, **p<.01, ***p<.001

한 결과 분석이다. 대인 신뢰는 온라인 네트워크에 부정적인 영향(β=-.206, p<.001)을 오프라인 네트워크에 긍정적인(β=.227, p<.001) 영향을 미치는 것으로 드러났다. 또한 제도 신뢰는 오프라인 네트워크에 부정적인 영향(β=-.240, p<.001)을 미치는 것으로 드러났다. 유의도는 약하지만 대인 신뢰는 사회정치 참여에 긍정적인 영향을 미치는 것으로 드러났으며(β=.075, p<.10), 온라인 네트워크는 부정적인 영향을 미치는 것으로 드러났다(β=-.143, p<.001). 그러나 제도신뢰(β=.529, p<.001)와 오프라인 네트워크(β=.465, p<.001)는 사회정치 참여에 정의 영향을 미치는 것으로 나타났다.

V. 결 론

V. 결 론

제1절 연구 결과의 요약

연구 둔제 1과 2에서는 사회인구통계학적 특성과 미디어 소비 행태는 각각 어떻게 구성되었는지를 알아보았다. 본 연구는 다문화가정의 미디어 소비 행태와 사회적 자본 형성에 관한 연구로, 한국에 거주하는 이주민 여성들을 대상으로 설문을 실시하였다. 총 335명 여성들이 설문에 참여하였다. 사회 인구통계학적 특성 분석 중에서 중요한 사항들을 살펴보면, 20대 여성이 48.1%로 가장 많았고 고졸 이상의 학력을 가진 여성들이 44.2%로 나타났다. 그리고 대졸 이상의 학력을 가진 이주민 여성들이 29.6%를 차지하는 것으로 드러났다. 남편들의 직업군은 다양하게 나타났다. 설문에 참여한 이주민 여성들의 가계 한 달 소득은 300만 원 이하가 72.1%로 나타났다. 베트남 및 중국 출신의 이주민 여성들이 67.2%로 드러났다. 한국에서의 거주 기간은 6개월에서 5년 이상으로 다양하게 분포하였다. 한국어 수준은 조금밖에 못한다 수준으로 55.8%가 응답하였다. 한국 생활 만족도에서는 대체적으로 한국에서의 생활은 만족하는 것으로 판단된다. 다문화가정 구성원의 미디어 이용 실태를 매체별로 파악하고자 알아보면, 이주민 여성들은 텔레비전을 약 2시간가량 시청하는 것으로 드러났고 인터넷은 2시간 이상 사용하는 것으로 조사되었다. 90% 이상이 휴대전화를 사용하는 것으로 파악되었고 신문을 보지 않는 여성이 많은 것이 특징이었다. 다문화가정의 구성원은 텔레비전의 드라마와 뉴스 및 신문·잡지의 생활 정보면 기사를 가장 많이 이용하는 것으로 조사되었다. 다문화가정 구성원이 다문화가정 지원 정책별로 지원 정책들에 대해 얼마나 만족하고 있는지의 정도를 파악하고자 알아보았다. 가정 지원 정책, 교육 지원, 자녀 교육 지원 정책에 대체적으로 만족하는 것으로 조사되었다. 이주민 여성들은 온라인과 오프라인 모임에도 적극적으로 활동하고 있는 것으로 조사되었다.

연구 문제 3과 4는 사회적 자본 형성들의 요인과 미디어 이용 동기 그리고 인터넷 이용 동기 요인은 어떻게 구성되었는가 하는 것이다. 사회적 자본 형성에 대한 조사에서는 세 개 요인 차원으로 구분되었는데, 대인 신뢰, 제도 신뢰, 그리고 사회정치 참여로 구성되었다. 텔레비전 이용 동기에 대한 조사에서는 네 개의 차원을 갖는 것으로 나타났다. 각 요인은 시간 보내기, 문화 적응, 오락성, 그리고 외로움(향수)으로 분류되었다. 온라인 네트워크를 측정하기 위해 인터넷을 이용하는 동기에 대해 미디어 이용 동기 질문 항목을 응용하여 총 12개 항목을 도출하였다. 인터넷 이용 동기 12개 항목들은 네 개의 차원을 갖는 것으로 나타났다. 각 요인들은 인터넷 오락, 인터넷 정보, 인터넷 교류, 그리고 인터넷 토론으로 구성 되었다.

연구 문제 5에서는 사회인구통계학적 요인이 신뢰, 네트워크 그리고 사회정치 참여에 어떻게 영향을 미치지를 알아보는 것이었다. 결과를 종합해 보면, 이주민 여성들의 사회 인구통계학적 요소는 대인,

제도 신뢰, 온라인, 오프라인 네트워크 및 사회정치 참여에 부분적으로 영향을 주는 것으로 나타났다. 연령대별은 사회 및 제도 신뢰, 네트워크 그리고 사회정치 참여와는 관계가 없는 것으로 나타났다. 대인 신뢰 측면에서는 이주민 여성들의 국적별로 차이가 있는 것으로 드러났다. 또한 국적별로 오프라인 네트워크에 긍정적인 영향을 미치는 것으로 드러났다. 이주민 여성들의 학력은 대인, 제도 신뢰와 사회정치 참여에는 부정적인 영향을 미치는 것으로 나타났으며, 이주민 여성들의 가게 총수입 정도는 월수입은 사회정치 참여에만 부정적인 영향을 미치는 것으로 드러났다. 거주 기간 정도는 오프라인 네트워크에 부정적인 영향을 미치는 것으로 드러났다. 한국어 능력은 오프라인 네트워크에 긍정적인 영향을 미치는 것으로 드러났다. 한국에서의 생활 만족도는 대인 및 제도 신뢰 형성에 밀접하게 관련되어 있는 것으로 나타났고 온라인 네트워크에 긍정적인 영향을 미치는 것으로 드러났다. 한국 생활 만족도는 사회정치 참여에 정의 영향을 미치는 것으로 드러났다.

연구 문제 6은 매스미디어 이용량이 사회적 자본 하위 요소인 신뢰, 네트워크 그리고 사회정치 참여에 어떻게 영향을 미치는지 알아보았다. 이주민 여성들의 텔레비전 시청량은 제도 신뢰에 긍정적인 영향을 미치지만 대인 신뢰와 사회 정치 참여에는 영향을 주지 못하는 것으로 드러났다. 온라인 및 오프라인 네트워크에 부정적인 영향을 주는 것으로 드러났다. 인터넷 이용량은 온라인 및 오프라인 네트워크에 긍정적인 영향을 미치는 것으로 드러났다. 신문 열독량은 대인 및 제도 신뢰와 오프라인 네트워크에 긍정적인 영향을 미치는 것으로 드러났다. 그러나 신문 열독량은 온라인 네트워크와 사회 정치 참여에 부정적인 영향을 미치는 것으로 조사되었다. 인터넷 이용량은 대인 신뢰에 부정적인 영향을 오라인과 오프라인 네트워크에 정의 영향 관계를 가지는 것으로 드러났다. 마지막으로 모바일 이용량은 온라인과 오프라인 네트워크에 긍정적인 영향을 미치는 것으로 드러났다.

연구 문제 7에서는 인터넷 이용 패턴이 사회적 자본 하위 요소인 신뢰, 네트워크 그리고 사회 정치 참여에 어떻게 영향을 미치는지 알아보았는데, 이주민 여성들의 인터넷 이용 패턴의 하위 요소들은 부분적으로 신뢰, 네트워크 그리고 사회 정치 참여에 영향을 주는 것으로 드러났다. 인터넷 오락은 온라인 및 오프라인 네트워크 그리고 사회 정치 참여에 긍정적인 영향을 미치는 것으로 나타났다. 인터넷 교류는 제도 신뢰에 긍정적인 영향을 온라인 네트워크에 부정적인 영향을 미치는 것으로 드러났다. 인터넷 토론은 제도 신뢰, 온라인 네트워크 및 사회 정치 참여에 긍정적인 영향을 미치는 것으로 드러났다.

연구 문제 8은 텔레비전 이용 패턴이 사회적 자본 하위 요소인 신뢰, 네트워크 그리고 사회 정치 참여에 어떻게 영향을 미치는지 살펴보는 것이었다. 시간 보내기 요소는 사회정치 참여를 제외한 대인 및 제도 신뢰와 온라인 및 오프라인 네트워크에 영향을 주는 것으로 드러났다. 문화 적응은 대인 및 제도 신뢰, 온라인 네트워크 그리고 사회 정치 참여에 부정적인 영향을 미치는 것으로 나타났다. 오락성은 대인 신뢰, 사회 정치 참여에 영향을 미치는 것으로 드러났다. 외로움(향수)은 대인 및 제도 신뢰에 긍정적인 영향을, 그리고 사회 정치 참여에 긍정적인 영향을 미치는 것으로 드러났다.

연구 문제 9는 매스미디어 장르별 이용 패턴이 사회적 자본 하위 요소인 신뢰, 네트워크 그리고 사회 정치 참여에 어떻게 영향을 미치는 가를 알아보았다. 이주민 여성들은 텔레비전의 장르별과 신문의 이용 패턴은 신뢰와 네트워크 및 사회 정치 참여에 밀접한 관계가 있는 것으로 드러났다. 텔레비전 뉴스는 대인 신뢰와 오프라인 네트워크에 부정적인 영향을 미치는 것으로 드러났고 텔레비전 교양은 온라인 및 오프라인 네트워크 그리고 사회 정치 참여에 영향을 미치는 것으로 드러났다. 텔레비전 오락 프로그램은 온라인 네트워크, 사회 정치참여에 영향을 주는 것으로 드러났다. 텔레비전 드라마는 온라인 네트워크에 영향을 미치는 것으로 드러났고 대인 신뢰 및 제도 신뢰에서는 부정적인 영향을 미치는 것으로 드러났다. 텔레비전 드라마는 오프라인 네트워크에 긍정적인 영향을 미치는 것으로 드러났다. 텔레비전 기타인 어린이, 영화, 다큐멘터리는 오프라인과 사회 정치 참여에 긍정적인 영향을 미치는 반면, 대인 신뢰에 부정적인 영향을 미치는 것으로 드러났다.

신문 정치 시사면 열독은 온라인, 오프라인 네트워크, 대인 및 제도 신뢰에 긍정적인 영향을 미치는 것으로 드러났다. 신문 스포츠면 열독은 대인 신뢰에서만 영향을 미치는 것으로 드러났다. 신문 연애 열독은 대인 신뢰와 온라인 및 오프라인 네트워크에 긍정적인 영향을 미치는 것으로 드러났다. 신문의 생활 정보 열독은 온라인 네트워크와 사회 정치 참여에 부정적인 영향을 미치는 것으로 드러났고 유의도는 약하지만 대인 신뢰에도 영향을 주는 것으로 드러났다. 신문 기타인 서평 및 경제는 오프라인에 긍정적인 영향을 대인 및 제도 신뢰에 부정적인 영향을 미치는 것으로 조사되었다. 그리고 사회 정치 참여에 부정적인 영향을 미치는 것으로 드러났다.

연구 문제 10은 신뢰 및 네트워크가 사회 정치 참여에 어떻게 영향을 미치는지를 알아보았다. 대인 신뢰는 사회 정치 참여에 긍정적인 영향을 미치는 것으로 드러났으며 온라인 네트워크는 부정적인 영향을 미치는 것으로 드러났다. 그러나 제도 신뢰와 오프라인 네트워크는 사회 정치 참여에 정의 영향을 미치는 것으로 나타났다.

제2절 연구 결과의 함의

이주민 여성들의 사회 인구통계학적 특성 분석에서 드러났듯이 젊은 여성들이 주로 이루고 있으며 대졸 이상의 학력이 많은 것으로 볼 때 점차 학력과 문화를 주도하는 젊은 이주민 여성들이 많아지고 있다고 할 수 있다. 다문화가정의 남편들의 직업은 다양하고 가게 월평균 수입은 저소득층 계층이 많은 것으로 조사되었다. 국적별로는 베트남, 중국, 필리핀의 순으로 나타난 것이 특징이었다. 전통적 미디어와 디지털 미디어도 이용하고 있는 것으로 드러났다. 이런 점을 고려해서 다문화 지원 정책이 수립되어야 한다. 전통적 미디어에서는 드라마나 교양 프로그램에서 다문화 교육을 위한 콘텐츠 개발 중심으로 온라인에서는 한국어 교육 프로그램을 위한 콘텐츠 개발 위주로 이루어지는 것이 바람직하다고 본다. 한국에 대한 만족도 및 한국어 구사 능력 면에서도 부정적인 견해를 해소하기 위해 미디어를 활용한 한국어 교육 및 한국의 문화를 알리는 데 중점을 둘 필요가 있다. 이주민 여성들의 텔레비전 및 신문 장르별 이용 형태 분석에서도 드라마, 뉴스, 생활 정보 면을 주로 시청 및 열독하는 것으로 드러났는데 이런 점을 고려하여 한국의 문화 및 한국어 능력을 배양할 수 있는 프로그램이 제작되어야 한다. 또한 뉴미디어를 활용한 정보 전달과 지원 정책에 홍보를 해야 한다.

다문화가정 구성원이 온라인과 오프라인 모임에 적극적으로 참여는 것을 고려해 볼 때 인터넷이나 모바일 앱을 통한 가정 지원 정책, 교육 지원, 자녀 교육 지원 정책에 홍보가 필요하고 이런 미디어 이용 실태에 맞게 콘텐츠를 제작하는 것이 효과적으로 이주민 여성들이 한국 문화와 한국에서 적응이 원활하게 이루어질 것으로 판단한다.

이주민 여성들의 사회적 자본 형성 요인 도출과 미디어 이용 동기 그리고 인터넷 이용 동기 요인들을 분석해 보면, 먼저 사회적 자본 형성 요인에서는 대인 신뢰, 제도 신뢰, 그리고 사회 정치 참여로 구성되었다. 이주민 여성들의 한국에서의 만나는 사람에 대한 신뢰와 제도 및 여러 가지 법적 문제에 대한 신뢰를 구분하였고 마지막으로 그들의 사회 정치 참여 항목으로 구분하여 여러 가지 관계를 알아보았다.

텔레비전 이용 동기에 대한 조사에서 이주민 여성들은 텔레비전을 시청 이유로는 시간 보내기, 문화 적응, 오락성, 그리고 외로움(향수)을 달리기 위해 시청하는 것으로 나타났다. 뉴미디어인 인터넷을 오락적 목적, 정보 탐색, 인터넷을 통한 사회, 인관관계 교류나 사회이슈에 대한 토론 목적으로 사용하는 것으로 나타났다.

사회인구통계학적 요소와 사회적 자본 형성과 관계에서는 연령대별로 차이를 발견하지 못했다. 학력이 높을수록 한국의 제도나 한국 국민에 대해 신뢰하지 않는 것으로 드러났고, 사회 정치 참여에도 적극적으로 참여하는 것으로 드러났다. 가계 월수입 정도도 사회 정치 참여에 밀접하게 관련되는 것으로 판단된다. 학력과 수입 정도에 따라 한국 사회 참여, 즉 시민 활동, 자원봉사, 정치 참여에 영향을 미치는 것으로 드러났다. 한국어 능력보다 한국에서의 생활 만족도는 신뢰, 네트워크 형성 그리고 사회정치 참여에 중요한 요인으로 작용하고 있다. 이주민 여성들의 한국에서의 생활 만족도가 높을수록 온라인을 통한 인간관계 및 사회 참여가 활발하게 이루어지고 있었고 한국에서의 인간관계에 신뢰도 높다고 할 수 있다. 그리고 만족도는 사회 참여나 정치 참여에 아주 밀접하게 관련이 있는 것으로 판단된다.

이주민 여성들의 텔레비전 시청량 정도에 따라 온라인 및 오프라인 네트워크에 영향을 미치는 것으로 나타났는데, 세부적으로 텔레비전 시청량이 많아질수록 온라인 및 오프라인 네트워크는 약화된다고 할 수 있다. 인터넷 이용량이 많을수록 대인관계에 대한 신뢰가 약화되고 온라인 및 오프라인 네트워크가 강화되는 것으로 파악되었다. 신문 열독량 역시 온라인 및 오프라인 네트워크에 밀접하게 관련되어 있다. 신문 열독량이 많아질수록 온라인 네트워크는 약화되는 것으로 파악되었다. 뉴미디어인 모바일 이용량이 늘어날수록 대인신뢰나 온라인 및 오프라인 네트워크가 강화된다고 할 수 있다. 매스미디어 이용은 이주민 여성들의 사회적 자본 형성에 아주 중요한 요인으로 분석된다.

사회적 자본 형성에 관한 기존의 연구와 같이 텔레비전 시청량이 이주민 여성들의 사회적 자본을 잠식하는 것으로 나타났는데 이것은 퍼트남(Putnam, 1995)연구와 맥을 같이 하고 있다. 그러나 신문 열독량은 시민적 연계 즉 대인신뢰와 사회정치 참여를 높인다는 기존의 연구 결과와 맥을 같이 한다 (Mcleod et al., 1995; Norris, 1996; Putnam, 1996). 텔레비전은 양방향 커뮤니케이션을 하지 못한다. 이런 매체의 특성이 이주민 여성들의 사회 참여 기회를 부여하지 못한다고 할 수 있다. 이주민 여성들의 인터넷 이용 패턴의 하위 요소들은 부분적으로 신뢰, 네트워크 그리고 사회정치 참여에 영향을 주는 것으로 드러났다. 인터넷의 이용 패턴과 사회적 자본 형성과의 관계에 대한 기존의 연구는 부정적인 결과(곽정래, 박승준, 2006; Kraut et al., 1998; Nie & Erbring, 2000)와 긍정적인 결과(곽정래, 박승준, 2006; Norris, 1996; Norris & Jones, 1998)가 동시에 공존하고 있다. 인터넷 교류는 온라인 네트워크를 약화시키지만 인터넷 오락, 정보 탐색, 토론을 목적으로 하는 것은 온라인 네트워크와 사회 정치 참여에 긍정적인 영향을 미치는 것으로 파악된다. 인터넷을 통한 동호회와 같은 참여는 온라인을 통해 사회적 연결에 대해 부정적이라고 할 수 있겠고 정보 공유나 탐색 그리고 토론 등은 사회 정치 참여에 흥미를 유발하는 것으로 해석이 가능하다. 이주민 여성들의 인터넷 이용 패턴은 부정적인 사회적 자본 형성보다 긍정적인 사회적 자본 형성이 더 강하게 작용하고 있다. 인터넷을 통한 오락 추구, 정보 공유, 인간관계 형성 및 토론을 통하여 한국 사회나 정치 참여에 적극적으로 임하고 있다고 할 수 있다.

텔레비전 이용 패턴이 사회적 자본 형성과의 관계를 살펴보면 시간 보내기 요소는 사회 정치 참여를 제외한 대인 및 제도 신뢰와 온라인 및 오프라인 네트워크에 영향을 주는 것으로 드러났다. 이주민 여성들은 주로 시간을 보낼 목적으로 텔레비전 시청을 통해 한국 문화를 배운다고 볼 수 있는데 긍정적인 드라마나 교양 프로그램을 통하여 대인 신뢰나 오프라인 사회 연결에 대해 긍정적 인식을 만들어 주는 것 같다고 판단된다. 이주민 여성들이 시간을 보내기 위해 텔레비전 시청은 대인 신뢰를 강화시켜줄 뿐만 아니라 온라인 네트워크 강화하는 것으로 드러났다. 시간을 보내기 위해 텔레비전 시청을 통해 한국인에 대해 신뢰를 구축하며 온라인이나 오프라인 네트워크를 강화하는 지침서가 되는 것으로 파악된다. 문화 적응은 대인 및 제도 신뢰, 온라인 네트워크 그리고 사회 정치 참여에 부정적인 영향을 미치는 것으로 나타났다. 한국 문화 적응을 위해 텔레비전 시청은 텔레비전이 시청은 사회적 자본 형성에 별 영향을 미치지 못하는 것으로 드러났다. 오락성은 대인 신뢰, 사회 정치 참여에 영향을 미치는 것으로 드러났다. 오락적인 목적의 텔레비전 시청은 이주민 여성들의 사회참여나 정치 참여에 동기 부여를 제공하는 것으로 파악된다. 외로움(향수)은 대인 및 제도신뢰에 긍정적인 영향을, 그리고 사회 정치 참여에 긍정적인 영향을 미치는 것으로 드러났다. 외로움을 달래기 위해 텔레비전 시청은 한국인에 대해 신뢰나 사회 제도 신뢰를 구축하고 사회 참여나 정치 참여에도 동기를 제공하는 것으로 파악된다.

이주민 여성들은 텔레비전의 장르별과 신문의 이용 패턴은 신뢰와 네트워크 및 사회 정치 참여에 밀접한 관계가 있는 것으로 드러났다. 텔레비전 뉴스는 대인 신뢰와 오프라인 네트워크에 부정적인 영향을 미치는 것으로 드러났는데 텔레비전이 사회적 자본 형성에 부정적인 영향을 미친다는 기존의 연구에서 그 실마리를 찾을 수 있다. 교양 프로그램 같은 경우는 오프라인 네트워크를 강화시키는 것으로 드러났다. 이것은 교양 프로그램이 가진 장점으로 볼 수 있는데, 다양한 콘텐츠를 통해 오프라인에서 인적 교류를 만들겠다는 동기가 내포된 것으로 해석된다. 드라마는 대인 신뢰에 부정적으로 영향을 미치는데 드라마의 내용 자체가 이주민 여성들이 보기에는 한국인에 대해 부정적인 견해를 높이는 결과로 파악된다. 신문 같은 경우, 스포츠나 연예면은 열독은 대인 신뢰를 형성하는 데 중요한 장르이고 정치 시사나 경제 서평 면은 오프라인 네트워크를 강화하는 장르로 중요한 역할을 한다고 파악된다. 그러나 생활 정보 면은 다양의 한국 사회의 문제에 대한 정보를 통해 온라인 네트워크를 약화시키는 것으로 해석된다.

대인 및 제도 신뢰가 높을수록 한국 사회나 정치 참여할 의향이 높은 것으로 해석되고 오프라인 네트워크가 강할수록 사회 참여나 정치 참여할 의향이 높은 것으로 파악된다. 그러나 온라인 네트워크가 약할수록 사회 정치 참여 의향이 높다는 결과는 이 부분은 많은 해석을 낳을 수 있다고 본다. 온라인 네트워크를 통해 인간관계 한국 사회에 대한 정보 교류를 형성하는 데 온라인 네트워크를 통해 이주민 여성들은 긍정적인 면보다 부정적인 면을 더 많이 정보와 인간관계를 갖고 있는 것으로 파악되며 그 결과 한국 사회 참여나 정치 참여에 부정적인 입장을 가지고 있는 것으로 해석된다.

텔레비전 시청 및 인터넷 이용 동기를 분석해 보면 텔레비전의 경우 이주민 여성들은 한국에서의 시간 보내기, 한국 문화 적응을 위해, 오락적 목적과 고국에 향수 및 외로움을 달래기 위해 텔레비전을 시청하는 요인으로 확인하였다. 이런 결과를 토대로 이주민 여성들의 한국어 능력을 배양 할 수 있는 프로그램 개발이 필요하다. 또한 늘어가는 다문화가정을 고려한 콘텐츠 개발을 통하여 한국인의 신뢰나 제도 사회정치 참여에 대한 부정적인 시각을 해소할 수 있는 맞춤형 텔레비전 프로그램 제작이 우선되어야 한다. 인터넷 이용 동기를 보면 오락 목적, 정보 탐색 그리고 인간관계 형성 및 한국 사회 이슈에 대한 토론 참여순으로 나타났는데 이주민 여성들은 인터넷을 통해 한국에 대한 정보나 사회적 이슈를 공유하고 얻는 것으로 드러났다. 그리고 인터넷을 통해 새로운 인간관계를 형성하는 것으로 파악되며 인터넷을 통해 한국의 사회나 정치 참여 관심을 가지는 것으로 파악된다. 이런 점을 고려하여 다문화가정 특히 이주민 여성들의 한국에 대한 올바른 정보를 공유하고 문화를 습득할 수 있도록 온라인 분야에서도 다양한 지원 프로그램이나 교육 프로그램 개발이 이루어져야 하겠다.

본 연구의 결과는 기존의 미디어 이용과 사회적 자본 형성에 과한 연구의 결과와 어느 정도 맥을 같이한다. 특히 텔레비전 시청은 사회적 자본 형성에 부정적인 영향이 많은 반면 신문은 사회적 자본 형성에 긍정적인 측면이 강하다. 텔레비전은 사회적 자본 형성을 잠식하고 온라인과 오프라인 네트워크를 악화시키는 것으로 나타났는데 신문, 인터넷 및 모바일은 온라인과 오프라인 네트워크를 강화하는 것으로 드러났다. 이것은 신문 이용이 증가할수록 시민적 활동 참여 증가하는 기존의 연구 결과 마찬가지로 이주민 여성들은 신문 열독이 증가할수록 네트워크를 강화하고 시민적 연계를 높이는 것으로 해석이 가능하다.

인터넷 오락이 온라인 네트워크를 강화하는 요소라는 결과를 보듯이 이주민 여성을 위한 인터넷 콘텐츠 개발을 통하여 신뢰와 한국 사회 정치 참여를 하도록 유도하는 것이 바람직하다. 인터넷에서 인간관계 형성과 정보 교류는 온라인 네트워크를 악화하는 것으로 드러났는데 이주민 여성들은 인터넷을 통해 한국의 긍정보다 부정적인 면을 더 많이 공유하고 습득하는 것으로 알 수 있다.

또한 인터넷 토론을 통하여 한국에서의 대인 신뢰에 부정적인 견해를 더 많이 가지는 것으로 해석된다. 이런 점도 인터넷 콘텐츠 개발이나 사이트, 블로그 커뮤니티에서 올바른 정보를 제공하는 것이 부정적인 견해를 해소하는 방법이라 보인다.

마지막으로 대인 및 제도 신뢰는 정부나 지자체의 다양한 지원 정책이 우선되어야 한다. 이런 신뢰를 바탕으로 이주민 여성 더 나아가 다문화가정 구성원의 사회 참여나 사회봉사 그리고 시민단체에 지원하여 참여하고자 의사가 형성되는 것을 시사한다고 할 수 있다.

본 연구는 이주민 여성들의 미디어 소비 행태와 사회적 형성과의 관계 파악을 통하여 다양한 결과를 도출하였다. 이주민 여성들의 미디어 소비 행태는 사회적 자본 형성의 하위 요소인 대인 및 사회제도 신뢰, 네트워크 및 사회 정치 참여에 다양한 상이한 영향을 미치고 있다는 실증적 증거를 보여 주었다. 문화적 배경이 다른 여성들이 한국 문화에 적응하고 새로운 사회에 삶을 시작하는 이주민 여성들이 한국 사회에 어떻게 적응해 나가는지를 살펴봄으로써 한국형 다문화주의가 정착될 수 있도록 하는 데 의미가 있다.

또한 사회적 문제가 되고 있는 이주민의 증가, 다문화가정의 증가 속에서 정부의 역할이 중요해지고 매스미디어의 역할이 무엇보다 중요하다는 사실을 분석을 통해 확인하였다. 본 연구의 목적인 매스미디어 이용과 사회적 자본 형성과의 관계 규명은 다문화가정이라는 이질적인 사회 구성원을 대상으로 시도했다는 점에서 의의가 있고 기존의 연구와 달리 사회적 자본 형성의 하위 요소를 세분화하여 파악하였다는 점에서 중요하다고 볼 수 있다.

끝으로 텔레비전이나 신문의 장르를 여러 가지로 분류하였는데 신문사와 방송국의 특성에 따라 편집 방향이나 방송 편성의 목적이 다르다고 할 수 있다. 이 점은 본 연구의 제한점으로 파악된다. 또한 샘플의 문제이다. 본 연구에 참여한 335명이 한국에 거주하는 이주민 여성들의 전체를 대변하기에는 통계학적으로 무리가 있어 보이며, 후속 연구에서는 전국적으로 체계적인 샘플링을 통하여 연구가 이루어져야 하겠다. 사회적 자본 형성 질문 항목이나 미디어 이용 동기 질문 항목 역시 세분화하여 정교화된 측정 항목 개발이 우선시되어야 한다.

제3절 연구 결과의 전략적 시사점 및 활용 방안

1. 연구 결과의 시사점

연구 결과는 다문화가정 구성원의 미디어 이용 실태 파악을 통하여 다문화 사회 통합에서 미디어의 역할에 대한 방향을 제시하였다. 다문화가정 구성원의 미디어 이용 동기와 사회적 자본 형성 과정에 대한 분석 결과를 토대로 다문화 사회 통합을 위한 미디어 교육 프로그램, 콘텐츠를 개발하는 데 방향을 제시하였다. 또한 미디어를 활용한 다문화가정 구성원의 문화적 적응을 지원할 수 있는 효율적인 방안도 보여 준다. 결과적으로 미디어를 통한 다문화가정 교육 및 다문화 사회 통합을 위한 사회 커뮤니케이션 역량 강화, 제도 정책에 대한 방안을 제시하였다.

2. 정책 활용 가능성

문화주의의 개념이 올바르게 정착하고 그 의미가 왜곡되지 않고 하나의 사회 문화 현상으로 자리 잡기 위하여 한국적 다문화주의와 이주민들의 미디어 소비 형태를 정확하게 파악하는 것이 우선 과제이다. 이런 측면에서 본 연구는 상당히 의의가 있다. 본 연구에서 다룬 한국의 다문화주의 정책과 외국의 사례 분석, 그리고 문화 현상에 대한 기존 자료 검토는 한국적 문화 가정에 대한 지원 정책을 수립하는 데 중요하다. 또한 이주민들의 미디어의 소비 실태 파악을 통하여 도출된 결론은 미디어 프로그램 개발과 콘텐츠를 개발하는 데 귀중한 자료가 될 것이다. 이주민들의 미디어 이용 동기와 사회적 자본 형성과의 관계 파악과 이주민들의 한국 사회에 적응하는 과정의 연구 문제 분석을 통하여 얻어진 결과는 이주민 문화 정책 수립에 기초 자료가 된다는 장점이 있다. 다문화 미디어 교육과 정책 기반 및 협력 체계 구축을 위한 초석이 될 것이다.

3. 경제 및 사회적 기여도

다문화주의 개념의 확장으로 우리 사회 문화 전반에 많은 변화가 있었다. 이주민들이 한국 사회에 적응하기 위한 다각적인 분석을 통하여 얻어진 연구의 결과는 국가의 다문화가정의 지원 정책 수립에 기여한다. 먼저 다문화가정 구성원의 미디어 이용 실태, 프로그램과 콘텐츠에 수요 조사를 통하여 사회 통합을 위한 이주민들의 미디어 교육, 프로그램, 콘텐츠 개발 산업에도 기여한다. 또한 다문화가정 구성원의 미디어 이용 동기의 파악은 한국 문화 적응을 위하여 요구되는 교육 문화 프로그램 개발 산업에도 기여한다.

사회적 자본이라는 분석 프레임을 가지고 다문화가정 구성원의 미디어 이용 동기와 사회 자본 형성과의 관련성 분석은 경제성장과 사회 통합은 국가의 지속가능한 발전 모델을 제시하기 위해 필수적이다. 이런 관점에서 사회적 자본과 다문화가정 구성원의 미디어 이용 동기와의 관계 파악은 다문화가정의 한국 사회 교육, 한국 사회 문화에 접근 기회 향상에 긍정적으로 영향을 미칠 수 있기 때문이다. 이런 사회적 자본이라는 이론을 적용하여 연구는 다문화가정 구성원의 한국 사회에 적응력을 높이고 삶의 질을 개선하여 진정한 다문화주의 뿐만 아니라 사회 통합이라는 것을 이루는 데 기초가 될 것이다.

4. 연구 결과의 활용 방안

학문적으로 다문화가정 구성원의 미디어 소비 형태에 대한 연구가 부족한 상태에서 이주민들의 미디어 수요 조사를 시도한 점이 의미가 있다. 다문화가정 구성원의 미디어 소비 실태 분석과 프로그램 및 콘텐츠 수요 조사 및 미디어 이용 동기 파악은 프로그램 제작 업체 및 미디어에 관련된 종사자들이 프로그램 및 콘텐츠를 제작, 기획을 입안하고자 하는 실무자들에게 기초 자료를 제공한다는 점에서 의의가 있다. 본 연구의 조사 결과를 활용하여 미디어를 통한 다문화 교육 프로그램 및 인력 구축 수립 시 실무자들에게 귀중한 정보를 제공한다. 다문화가정 구성원의 미디어 이용 동기와 사회 자본 형성과의 관계 분석의 결과는 다문화가정 구성원이 한국 사회에 적응 과정에 대한 미래 연구 방향을 제시할 수 있다. 다문화가정의 미디어 수요 조사 및 미디어 이용 동기 그리고 사회 자본 형성의 프레임을 적용한 연구로서 독창적 가치가 있으므로 학술 논문의 형태로 작성하여 방송, 문화, 공공 정책, 커뮤니케이션 분야의 학술지에 게재하고자 한다.

5. 관련 분야 예상 파급효과

본 연구에서 다룬 다문화주의와 미디어, 사회적 자본 형성에 대한 전반적이 연구의 결과를 토대로 국내 미디어, 통신사, 콘텐츠 제작 업체, 교육 분야에 이 연구의 결과를 적극적으로 활용할 수 있다. 다문화가정 구성원의 미디어 소비 형태 및 미디어 이용 동기 파악은 증가 추세에 있는 다문화가정 구성원의 미디어에 대한 인식과 소비 트렌드를 파악 예측 할 수 있다. 이주민들의 미디어에 대한 욕구를 바탕으로 한국 사회에서 적응하여 건전한 다문화 시민의식 확산에 도움이 된다. 기존의 다문화주의 연구의 제한된 범위에서 벗어나 미디어 산업적 측면에서 접근한 연구로서 교육, 사회, 정책 입안, 전문 인력 양성 등에 응용할 수 있는 계기를 제공한다.

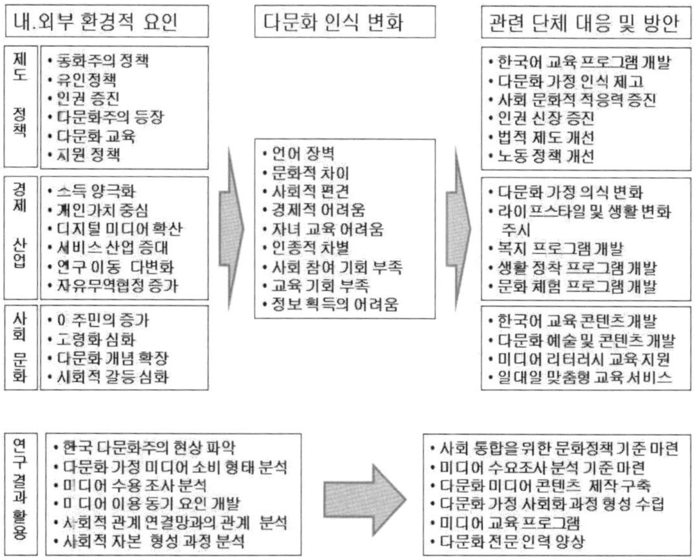

〈그림 5-1〉 예상되는 기대 효과 및 활용성

부 록

부록1. 한국어 설문지

다문화가정의 미디어에 대한 인식 조사

안녕하십니까?

저는 경기대학교 경영학과 교수로 재직 중인 진창현입니다. 본 설문지는 아산사회복지재단과 공동으로 다문화가정의 미디어 소비 형태와 다문화 정책에 대한 만족도를 파악하기 위하여 작성되었습니다. 귀하께서 응답해 주신 모든 내용은 통계법 제8조에 의거하여 비밀이 절대 보장되며 오직 연구 목적 이외의 다른 목적으로는 일체 사용되지 않습니다. 설문지에 대한 귀하의 응답은 보다 나은 학문적 연구에 활용될 것이오니 바쁘시더라도 부디 솔직하고 정확하게 한 문항도 빠뜨리지 마시고 성심껏 응답해 주시길 부탁드립니다. 또한 본 연구에 관심이 있으신 분에게는 논문의 결과를 보내드리겠습니다.

주관: 아산사회복지재단

※ 조사 내용에 관한 문의는 아래 책임 연구원에게 연락 주시기 바랍니다.

조사 기관: 경기대학교

경기도 수원시 영통구 이의동 산94-6 경기대학교 경영학과

☎: 031-249-9427

E-mail: chjin@kgu.ac.kr.

책임 연구원: 진창현

1. 귀하의 성별은? ① 남 ② 여

2. 귀하의 연령은 어떻게 되십니까? (　　　　)세

3. 귀하의 국적은 어떻게 되십니까?
① 베트남 ② 중국 ③ 필리핀 ④ 캄보디아 ⑤ 인도네시아 ⑥ 스리랑카 ⑦ 태국
⑧ (　　　　)

4. 귀하의 학력은 어떻게 되십니까?
① 초등학교 졸업 이하 ② 중학교 졸업 이하 ③ 고등학교 졸업 이하 ④ 대학교 졸업 이상

5. 귀하 남편의 직업은 어떻게 되십니까?
① 회사원 ② 공무원 ③ 기술직 ④ 전문직 ⑤ 서비스직 ⑥ 자영업 ⑦ 학생 ⑧ 농업 ⑨ 기타

6. 귀하의 가족 전체의 월 평균 총수입은 얼마입니까?
① 100만 원 미만 ② 100~200만 원 ③ 200~300만 원 ④ 300~400만 원 ⑤ 400만 원 이상

7. 귀하가 거주하는 가구형태는 무엇입니까?
① 자가 ② 전세 ③ 월세 ④ 기타

8. 귀하가 거주하는 주택 형태는 무엇입니까?
① 단독 주택 ② 아파트 ③ 다세대주택 ④ 원룸 ⑤ 기타 (　　　　)

9. 귀하가 한국에 거주 기간은 얼마나 입니까?
(　　　　)년 (　　　　)개월

10. 귀하께서는 자녀가 있으신가요?
① 없다 ② 1명 ③ 2명 ④ 3명 이상

11. 귀하께서 현재 거주하시는 지역은 다음 중 어디인가요?
(　　　　)특별・광역시/도 (　　　　)시/구/군 (　　　　)읍/면/동

12. 귀하의 한국어 능력에 대해 어떻게 평가하십니까?
① 전혀 못한다 ② 조금 한다 ③ 보통이다 ④ 조금 잘하는 편이다 ⑤ 아주 잘한다고 생각한다

13. 귀하의 한국에서 생활 만족에 대해서는 어떻게 생각하십니까?
① 전혀 만족하지 못 한다 ② 조금 한다 ③ 보통이다 ④ 조금 만족하는 편이다
⑤ 매우 만족한다

14. 귀하의 매스 미디어별 이용 시간에 질문입니다.
14-1. 귀하께서는 하루에 평균적으로 텔레비전 시청을 얼마나 하십니까?
① 전혀 시청하지 않음 ② 1~2시간 사이 ③ 2~3시간 사이 ④ 3~5시간 사이 ⑤ 5시간 이상

14-2. 귀하께서는 하루에 평균적으로 인터넷 이용을 얼마나 하십니까?
① 전혀 사용하지 않음 ② 1시간 이하 ③ 1-2시간 사이 ④ 2~3 사이 ⑤ 3시간 이상

14-3. 귀하께서는 하루에 평균적으로 모바일(스마트) 폰 이용을 얼마나 하십니까?
① 전혀 사용하지 않음 ② 1시간 이하 ③ 1~2시간 사이 ④ 2~3시간 사이 ⑤ 3시간 이상

14-4. 귀하께서는 일주일 평균적으로 신문이나 잡지를 며칠이나 읽습니까?
① 전혀 읽지 않음 ② 1하루 이하 ③ 1일~2일 사이 ④ 2~3일 사이 ⑤ 3일 이상

15 귀하의 매스 미디어 장르별 이용 패턴에 질문입니다.
15-1. 귀하께서 텔레비전을 제일 많이 시청하는 장르는 무엇인가? (복수 응답 가능)
① 뉴스 프로그램 ② 교양 프로그램 ③ 오락 프로그램 ④ 드라마 ⑤ 기타

15-2. 귀하께서 신문 잡지에서 제일 많이 읽는 기사는 무엇인가? (복수 응답 가능)
① 정치 시사면 기사 ② 스포츠면 기사 ③ 연예면 기사 ④ 생활 정보면 기사 ⑤ 기타

16. 귀하께서는 아래 다문화가정 지원 정책들에 대해 얼마나 만족하십니까?

설문 항목	전혀 그렇지 않다	–	보통	–	매우 그렇다
1. 국제결혼 과정의 인권보호제도 및 결혼 준비 교육	①	②	③	④	⑤
2. 조기 적응을 위한 한국어 교육	①	②	③	④	⑤
3. 조기 적응을 위한 문화이해 교육	①	②	③	④	⑤
4. 가족 통합 교육	①	②	③	④	⑤
5. 결혼 및 가족 문제 상담	①	②	③	④	⑤
6. 통.번역 서비스	①	②	③	④	⑤
7. 보육 및 양육 지원	①	②	③	④	⑤
8. 의료 지원	①	②	③	④	⑤
9. 취업 지원	①	②	③	④	⑤
10. 가정폭력 피해 상담	①	②	③	④	⑤
11. 자녀 언어발달 지원	①	②	③	④	⑤
12. 자녀 사회정서증진	①	②	③	④	⑤
13. 자녀 이중 언어 역량 개발	①	②	③	④	⑤
14. 정보화 및 직업 교육	①	②	③	④	⑤

17. 귀하께서는 인터넷과 스마트폰(사용하고 있다면)을 이용하는 이유는 무엇입니까?

설문 항목	인터넷 사용자					스마트폰 사용자				
	전혀 그렇지 않다	–	보통	–	매우 그렇다	전혀 그렇지 않다	–	보통	–	매우 그렇다
1. 정치/시사관련 정보를 본다.	①	②	③	④	⑤	①	②	③	④	⑤
2. 스포츠/연예/오락 관련 정보를 본다.	①	②	③	④	⑤	①	②	③	④	⑤
3. 인터넷(온라인) 신문을 본다.	①	②	③	④	⑤	①	②	③	④	⑤
4. 쇼핑을 한다.	①	②	③	④	⑤	①	②	③	④	⑤
5. 게임을 한다.	①	②	③	④	⑤	①	②	③	④	⑤
6. 음악이나 다운로드하거나 듣는다.	①	②	③	④	⑤	①	②	③	④	⑤
7. 드라마나 영화를 본다.	①	②	③	④	⑤	①	②	③	④	⑤
8. 인터넷 커뮤니티, 카페, 팬클럽 등을 방문하기 위해 이용한다.	①	②	③	④	⑤	①	②	③	④	⑤
9. 인터넷(스마트폰)을 통해 다른 사람들과 이야기한다.	①	②	③	④	⑤	①	②	③	④	⑤
10. 인터넷을 통해 이메일을 주고 받는다.	①	②	③	④	⑤	①	②	③	④	⑤
11. 정치, 시사 관련 온라인 토론에 참여한다.	①	②	③	④	⑤	①	②	③	④	⑤
12. 연예, 스포츠, 오락 관련 토론에 참여한다.	①	②	③	④	⑤	①	②	③	④	⑤

18. 사회적 자본 하위 구성 요소에 대한 질문입니다.

설문 항목	전혀 그렇지 않다	–	보통	–	매우 그렇다
1. 전체적으로 한국 사람들은 대체적로 믿을 만하다.	①	②	③	④	⑤
2. 내가 아는 한국 사람들은 대체로 믿을 만하다.	①	②	③	④	⑤
3. 전체적으로 한국 사람들은 자기 몫만 챙기려 한다.	①	②	③	④	⑤
4. 내가 아는 한국 사람들은 자기 몫만 챙기려 한다.	①	②	③	④	⑤
5. 전체적으로 한국 사람들은 공정하게 거래한다.	①	②	③	④	⑤
6. 내가 아는 한국 사람들은 공정하게 거래한다.	①	②	③	④	⑤
7. 한국 정부에 대해 대체적으로 신뢰하는 편이다.	①	②	③	④	⑤
8. 지역의 공무원들에 대해 대체적으로 신뢰하는 편이다.	①	②	③	④	⑤
9. 한국 신민단체(NGO, YMCA, 이주민단체) 대해 대체적으로 신뢰하는 편이다.	①	②	③	④	⑤
10. 한국 국회에 대해 대체적으로 신뢰하는 편이다.	①	②	③	④	⑤
11. 한국 법원에 대해 대체적으로 신뢰하는 편이다.	①	②	③	④	⑤
12. 한국 언론(TV 신문, 인터넷)을 대체적으로 신뢰하는 편이다.	①	②	③	④	⑤
13. 한국 기업을 대체적으로 신뢰하는 편이다.	①	②	③	④	⑤
14. 여건이 허락한다면 자원봉사 활동에 참여할 의향이 있다.	①	②	③	④	⑤
15. 기회가 있다면 신민단체에 참여할 의향이 있다.	①	②	③	④	⑤
16. 지역구 의원, 국회의원, 각종 선거 투표에 참여할 의향이 있다.	①	②	③	④	⑤
17. 나는 정치적인 활동(선거활동, 정당가입 등)에 참여할 의향이 있다.	①	②	③	④	⑤
18. 나는 한국에서 알게 된 사람들에 대해 결속감을 느낀다.	①	②	③	④	⑤
19. 나는 한국에서 알게 된 사람들에 동료의식을 느낀다.	①	②	③	④	⑤
20. 나는 한국어서 알게 된 사람들에 대해 유대감을 느낀다.	①	②	③	④	⑤

19. 귀하께서 온라인이나 오프라인에 활동하고 있는 모임은 어떠하십니까? (복수 응답 가능)

설문 항목	온라인 모임	오프라인 모임
1. 친목 동아리		
2. 동창회		
3. 종교 모임		
4. 연예/오락/팬클럽 모임		
5. 학습/교육 모임		
6. 정치 시사 모임		
7. 취미/스포츠 모임		
8. 자원봉사 모임		
9. 기타 (있다면 구체적으로 제시)		

20. 일반적인 미디어 이용 동기에 대한 질문입니다.

설문 항목	전혀 그렇지 않다		– 보통 –		매우 그렇다
1. TV 시청이나 인터넷 사용은 나를 즐겁게 해준다.	①	②	③	④	⑤
2. TV 시청이나 인터넷 사용하는 것이 재미있다.	①	②	③	④	⑤
3. 습관적으로 이용하거나 본다.	①	②	③	④	⑤
4. 나를 편하게 해 준다.	①	②	③	④	⑤
5. TV나 인터넷이 있으니까 그냥 한다.	①	②	③	④	⑤
6. 스트레스 해소 및 기분전환을 위해서 보거나 한다.	①	②	③	④	⑤
7. 이야기 거리를 제공한다.	①	②	③	④	⑤
8. 심심할 때 시간을 보내기 위해서이다.	①	②	③	④	⑤
9. 특별히 할 일이 없어서 보거나 이용한다.	①	②	③	④	⑤
10. 혼자 있다는 느낌이 싫어서 한다.	①	②	③	④	⑤
11. 외로움을 달래주기 위해서 한다.	①	②	③	④	⑤
12. 고민과 걱정을 달래준다.	①	②	③	④	⑤
13. 같이 이야기하거나 함께 시간 보낼 사람이 없어서 보거나 이용한다.	①	②	③	④	⑤
14. TV를 보거나 인터넷을 사용을 원래 좋아한다.	①	②	③	④	⑤
15. 좋아하는 연예인이 나와서 보거나 이용한다.	①	②	③	④	⑤
16. 여가생활의 수단이다.	①	②	③	④	⑤
17. 남편과 대화를 위해서 본다.	①	②	③	④	⑤
18. 자녀 교육을 위해서 본다.	①	②	③	④	⑤
19. 한국어를 빨리 배우기 위해서 보거나 이용한다.	①	②	③	④	⑤
20. 한국문화를 빨리 적응할 수 있어서 이용한다.	①	②	③	④	⑤
21. 한국에 대한 정보가 많아서 보거나 이용한다.	①	②	③	④	⑤
22. 고국에 정보를 얻기 위해서 보거나 이용한다.	①	②	③	④	⑤
23. 내가 경험하지 못한 일을 간접적으로 경험하기 위해서이다.	①	②	③	④	⑤
24. 고국에 대한 그리움 때문에 보거나 이용한다.	①	②	③	④	⑤
25. 한국에 사는 나와 같은 처지의 사람들이 어떻게 사는지 알 수 있기 때문에 이용한다.	①	②	③	④	⑤
27. 우리 문화와 비교하기 위해서 이용한다.	①	②	③	④	⑤
28. 정보를 얻기 위해서이다.	①	②	③	④	⑤

부록2. 영어 설문지

A multi-cultural family's mass media Usage Survey

Dear Participant,

I am a professor at KyongGi University. Thank you for taking the time to answer the questions on this survey. I am currently conducting a study about the media usage. Your answers will be used for research. Before starting, please read the instructions provided at the beginning of each section. Your identity will be kept confidential to the extent provided by law. You have the right to withdraw consent for participation at any time without consequence. There are no known risks or immediate benefits to the participants of this experimental search. If you have any questions about this research protocol, please contact Chang-Hyun Jin at 031-249-9427 or chjin@kgu.ac.kr

1. Gender? ① Male ② Female

2. Age? ( )

3. Nationality?
① Vietnam ② China ③ Philippine ④ Cambodia ⑤ Indonesia ⑥ Sri Lanka ⑦ Thailand
⑧ ( )

4. Education?
① Under Elementary School ② Under Middle School ③ High School ④ College Level

5. Your husband's occupation?
① Company staff ② Civil servant ③ Engineer ④ Professional worker ⑤ Service
⑥ Self-employer ⑦ Student ⑧ Agriculture ⑨ other

6. Monthly income?
① Under 100만 원 ② 100~200만 원 ③ 200~300만 원 ④ 300~400만 원 ⑤ Above 400만 원

7. dwelling type?
① own house ② lease ③ monthly rent ④ other

8. housing type?
① detached house ② Apartment ③ multiplex housing ④ Studio ⑤ other ( )

9. How long have you been living in Korea? ( ) year ( ) month

10. How many sons and daughters do you have?
① None ② one ③ two ④ above three

11. Your residential Area(district)?
( ) Metropolitan city/Do ( ) City/Gu/Gun ( ) Meon/Dong

12. Korean language ability?
① Very Poor ② Poor ③ average ④ Very good ⑤ Excellent

13. Life satisfaction in Korea?
① Very dissatisfied ② Dissatisfied ③ Unsure ④ Satisfied ⑤ Very satisfied

14. Your mass media usage time.
14-1. How many hours a day do you watch TV?
① Never use ② 1~2 hours ③ 2~3 hours ④ 3~5 hours ⑤ above 5 hours

14-2. How many hours a day do you surfing the Internet?
① Never use ② below 1hour ③ 1~2 hours ④ 2~3 hours ⑤ above 3 hours

14-3. How many hours a day do you using mobile phone?
① Never use ② below 1hour ③ 1~2 hours ④ 2~3 hours ⑤ above 3 hours

14-4. How many hours a week do you reading newspaper and magazine?
① Never use ② below 1 day ③ 1~2 days ④ 2~3 days ⑤ above 3 days

15 Your mass media program usage pattern
15-1. What is your favorite TV program? (Multiple choice)
① News ② Education program ③ Entertainment ④ Drama ⑤ other

15-2. What is the most newspaper articles you read? (Multiple choice)
① Political issues ② Sports Issues ③ Entertainment ④ Living and information ⑤ other

16. How did you satisfy about the support program for multi-cultural families?

Items	Very Dissatisfied	–	Neutral	–	Very Satisfied
1. Human rights protection and arrangement for wedding preparation in international marriage process	①	②	③	④	⑤
2. Korean Language course for early adaptation	①	②	③	④	⑤
3. Korean Culture course for early adaptation	①	②	③	④	⑤
4. A fully integrated family education program	①	②	③	④	⑤
5. Marriage and family problem counselling program	①	②	③	④	⑤
6. Transplantation and interpretation program	①	②	③	④	⑤
7. Nurture and child-care support program	①	②	③	④	⑤
8. Medical aid	①	②	③	④	⑤
9. Job seeking support	①	②	③	④	⑤
10. Family violence counselling program	①	②	③	④	⑤
11. Advanced language support program for children	①	②	③	④	⑤
12. Advanced sociality support program for children	①	②	③	④	⑤
13. Developing bilingual support program for children	①	②	③	④	⑤
14. Information and Job training eduction	①	②	③	④	⑤

17. Why do you use the Internet or mobile phone(If use)?

Items	Internet Usage					Mobile Usage				
1. To read the political and current events	①	②	③	④	⑤	①	②	③	④	⑤
2. Entertainment and sports	①	②	③	④	⑤	①	②	③	④	⑤
3. Online newspaper	①	②	③	④	⑤	①	②	③	④	⑤
4. Shopping	①	②	③	④	⑤	①	②	③	④	⑤
5. Playing game	①	②	③	④	⑤	①	②	③	④	⑤
6. Downloading and listening music	①	②	③	④	⑤	①	②	③	④	⑤
7. Watching drama and movie	①	②	③	④	⑤	①	②	③	④	⑤
8. To visit the online community, cafe, and a fan club	①	②	③	④	⑤	①	②	③	④	⑤
9. To communicate with other through the internet and mobile phone	①	②	③	④	⑤	①	②	③	④	⑤
10. Email with others through the Internet and mobile phone	①	②	③	④	⑤	①	②	③	④	⑤
11. Join on the online forum for political and current issues	①	②	③	④	⑤	①	②	③	④	⑤
12. Join on the online forum for entertainment and sports issues	①	②	③	④	⑤	①	②	③	④	⑤

18. Social Capital

Items	Strongly Disagree	–	Neutral	–	Strongly Agree
1. I think that Koreans are usually believable	①	②	③	④	⑤
2. I think that Koreans who I meet usually believable	①	②	③	④	⑤
3. I think that Koreans are usually trying to get their own	①	②	③	④	⑤
4. I think that Koreans who I knew are trying to get their own	①	②	③	④	⑤
5. I think that Koreans are fairly doing business	①	②	③	④	⑤
6. I think that Koreans who I knew are fairly doing business	①	②	③	④	⑤
7. I think that Korea government can be trusted	①	②	③	④	⑤
8. I think that Korean civil servants are usually believable	①	②	③	④	⑤
9. I think that Korea civil organization(NGO, YMCA, ETC) are usually believable	①	②	③	④	⑤
10. I think that the national assembly of Korea can be trusted	①	②	③	④	⑤
11. I think that the national jurisdiction of Korea can be trusted	①	②	③	④	⑤
12. I think that Korean media(newspaper, TV, Internet) can be trusted	①	②	③	④	⑤
13. I think that Korean corporation can be trusted	①	②	③	④	⑤
14. I am willing to participate in non-profit organizations	①	②	③	④	⑤
15. I am willing to participate in civic organization	①	②	③	④	⑤
16. I am willing to participate in civic organization	①	②	③	④	⑤
17. I have a strong tendency to vote several elections	①	②	③	④	⑤
18. I feel strong solidarity with Koreans I meet in Korea	①	②	③	④	⑤

19. What do you have Online and offline actives?
(Multiple choice)

Items	Online Community	Offline Community
1. Friendship club		
2. Alumni reunion		
3. Religion meeting		
4. Entertainment and fan club meeting		
5. Learning and education meeting		
6. Political and current events meeting		
7. Meeting for hobby and outdoor actives		
8. Meeting for voluntary service		
9. others (If any, specifically)		

20. Media Usage Motivation

I am watching TV and surfing the Internet (because)!

Items	Strongly Disagree	–	Neutral	–	Strongly Agree
1. it's to make me to be happy	①	②	③	④	⑤
2. it's funny	①	②	③	④	⑤
3. I am Watching TV and surfing the internet by habit	①	②	③	④	⑤
4. it relaxes me	①	②	③	④	⑤
5. just watching and surfing because I have TV and computer	①	②	③	④	⑤
6. it's to relieve stress and refresh myself	①	②	③	④	⑤
7. it gave me useful story to talk with others	①	②	③	④	⑤
8. I am watching or surfing to kill a time	①	②	③	④	⑤
9. I am watching or surfing when I have nothing to do	①	②	③	④	⑤
10. it escape the feeling to be alone	①	②	③	④	⑤
11. it makes me feel less lonely	①	②	③	④	⑤
12. it relieve my anxious and concern	①	②	③	④	⑤
13. because I do not have someone to talk and spend time together	①	②	③	④	⑤
14. I have always been watching or surfing	①	②	③	④	⑤
15. it's to see my favorite movie stars	①	②	③	④	⑤
16. TV and Internet are tools for leisure time	①	②	③	④	⑤
17. In order to talk husband	①	②	③	④	⑤
18. For my children eduction	①	②	③	④	⑤
19. In order to develop Korean language	①	②	③	④	⑤
20. In order to be early adapt my self to Korean culture	①	②	③	④	⑤
21. Because there are a lot of information about Korea	①	②	③	④	⑤
22. In order to get my country's information	①	②	③	④	⑤
23. In order to have indirect experience which I did not know	①	②	③	④	⑤
24. Because homesick for my native country	①	②	③	④	⑤
25. In order to know how live in korea people in my condition	①	②	③	④	⑤
27. In order to compare my native culture	①	②	③	④	⑤
28. In order to get various information	①	②	③	④	⑤

부록3. 중국어 설문지

多文化家庭对媒体的认识

您好!

首先, 祝您家庭幸福快乐。

我是京畿大学经营系的진창현教授。本问卷是和牙山社会福利财团一起, 为了把握多文化家庭的媒体消费形态制作而成的。阁下回应的所有内容将严格依据统计法第8条法令进行保密, 除了研究目标以外绝对不会用于其他事项。阁下所回答的内容将会活用于学术研究, 即使阁下的经历存在缺陷, 也请务必诚实且没有遗漏的选上您认为最合适的答案。另外, 如果对本研究有兴趣的话, 我可以将论文结果寄于您分享。

主管单位: 牙山社会福利财团

※对调查内容有所疑问的话请联系 以下责任研究院

调查机关: 京畿大学

京畿道水源市灵通区二仪洞 山94-6 京畿大学经营系

☎: 031-249-9427

E-mail: chjin@kgu.ac.kr. 责任研究 员: 진창현

1. 閣下的性別是? ① 男 ② 女

2. 閣下的年齡是? ( )歲

3. 閣下的國籍是?
① 越南 ② 中國 ③ 菲律賓 ④ 柬埔寨 ⑤ 印度尼西亞 ⑥ 斯里蘭卡 ⑦ 泰國 ⑧ 其他( )

4. 閣下的學歷是?
① 小學程度 ② 初中程度 ③ 高中程度 ④ 大學畢業及以上

5. 閣下丈夫的職業是?
① 公司職員 ② 公務員 ③ 技術職工 ④ 專業職工 ⑤ 服務行業 ⑥ 个体經營 ⑦ 學生 ⑧ 農業
⑨ 其他

6. 閣下家庭的月平均收入是(人民幣)?
① 6000元以下 ② 6000～12000元 ③ 12000～18000元 ④ 18000～24000元 ⑤ 24000元以上

7. 刊閣下目前租賃的房屋屬于以下哪种付費形式?
① 購買 ② 全稅 ③ 月租 ④ 其他

8. 刊閣下目前的住宅是何种构造形式?
① 獨体別墅 ② 高層公寓 ③ 多戶型住宅 ④ one room(一間房) ⑤ 其他( )

9. 閣下在韓國居住了多長時間? ( )年 ( )个月

10. 閣下可有子女?
① 沒有 ② 1名 ③ 2名 ④ 3名以上

11. 閣下目前居住的地域是?
( ) 直轄市(特別市)/省(道) ( ) 市/區/郡 ( ) 邑/面/洞

12. 閣下的韓國語能力是?
① 完全不懂 ② 懂一点 ③ 普通 ④ 基本明白 ⑤ 完全明白

13. 閣下對韓國生活質量的評价是?
① 完全不适應 ② 不太适應 ③ 普通 ④ 比較适應 ⑤ 完全适應

14. 根据閣下使用大衆媒体的時間而提出的問題。
14-1. 閣下每天平均收看電視的時間是?
① 完全不看 ② 1～2小時 ③ 2～3小時 ④ 3～5小時 ⑤ 5小時以上

14-2. 閣下每天的上网時間是?
① 完全不用 ② 1小時 ③ 1-2小時 ④ 2～3小時 ⑤ 3小時以上

14-3. 閣下每天利用手机上网的時間是?
① 完全不用 ② 1小時 ③ 1～2小時 ④ 2～3小時 ⑤ 3小時以上

14-4. 閣下一周之內平均几天在閱讀報紙或雜志?
① 完全不看 ② 1天以上 ③ 1～2天 ④ 2～3天 ⑤ 3天以上

15 根据閣下應用的大衆媒体体裁模式而提出的問題。
15-1. 閣下收看的最多的電視頻道是? (可多選)
① 新聞 ② 科教 ③ 娛樂 ④ 電視劇 ⑤ 其他

15-2. 刊閣下在報紙或雜志中閱讀最多的欄目是? (可多選)
① 時事政治報道 ② 体育新聞 ③ 娛樂快報 ④ 生活信息 ⑤ 其他

16. 阁下对多文化家庭的补助政策的满足度是？

問 項	完全否定	—	普通	—	完全肯定
1. 國際結婚過程中的人權保護和婚前教育	①	②	③	④	⑤
2. 早期爲了适應而進行的韓國語教育	①	②	③	④	⑤
3. 早期爲了适應韓國文化而進行的文化教育	①	②	③	④	⑤
4. 家族統合教育	①	②	③	④	⑤
5. 婚姻与家族問題的商談	①	②	③	④	⑤
6. 完整的翻譯服務	①	②	③	④	⑤
7. 儿童的哺育及撫育補助	①	②	③	④	⑤
8. 医療補助	①	②	③	④	⑤
9. 就業補助	①	②	③	④	⑤
10. 防止家庭暴力的商談	①	②	③	④	⑤
11. 子女語言發展補助	①	②	③	④	⑤
12. 促進子女的情商發展	①	②	③	④	⑤
13. 子女的兩种語言能力開發	①	②	③	④	⑤
14. 情報化与職業教育	①	②	③	④	⑤

17. 阁下使用网络和智能手机(使用者)的理由是？

問 項	普通网絡使用者					手机上网使用者				
	完全否定	—	普通	—	完全肯定	完全否定	—	普通	—	完全肯定
1. 收看時事政治情報.	①	②	③	④	⑤	①	②	③	④	⑤
2. 收看体育娛樂新聞.	①	②	③	④	⑤	①	②	③	④	⑤
3. 在線收看网絡新聞.	①	②	③	④	⑤	①	②	③	④	⑤
4. 网絡購物.	①	②	③	④	⑤	①	②	③	④	⑤
5. 网絡游戏.	①	②	③	④	⑤	①	②	③	④	⑤
6. 下載或在線試听音樂.	①	②	③	④	⑤	①	②	③	④	⑤
7. 收看影視.	①	②	③	④	⑤	①	②	③	④	⑤
8. 利用网絡訪問論壇, 貼吧, 粉絲俱樂部等.	①	②	③	④	⑤	①	②	③	④	⑤
9. 利用网絡或智能手机進行网絡聊天.	①	②	③	④	⑤	①	②	③	④	⑤
10. 利用网絡收發郵件.	①	②	③	④	⑤	①	②	③	④	⑤
11. 参与有關時事政治的討論.	①	②	③	④	⑤	①	②	③	④	⑤
12. 参与有關体育娛樂的討論.	①	②	③	④	⑤	①	②	③	④	⑤

18. 阁下对韩国社会资本体系的基本构成的要素的观点的调查。

問 項	完全否定	–	普通	–	完全肯定
1. 整体上說大部分韓國人值得信賴。	①	②	③	④	⑤
2. 我認識的大部分韓國人值得信賴。	①	②	③	④	⑤
3. 整体上說韓國人只想負責自己的任務。	①	②	③	④	⑤
4. 我認識的韓國人只想負責自己的任務。	①	②	③	④	⑤
5. 整体上說韓國人可以做到公正的往來。	①	②	③	④	⑤
6. 我認識的韓國人可以做到公正的往來。	①	②	③	④	⑤
7. 整体上說韓國政府比較值得信賴。	①	②	③	④	⑤
8. 整体上說地方公務員比較值得信賴。	①	②	③	④	⑤
9. 大体上說韓國自發民衆團体(民間組織, 基督教青年會, 移民團体)比較值得信賴。	①	②	③	④	⑤
10. 大体上說韓國國會比較值得信賴。	①	②	③	④	⑤
11. 大体上說韓國法院比較值得信賴。	①	②	③	④	⑤
12. 大体上說韓國輿論(電視新聞, 网絡)比較值得信賴。	①	②	③	④	⑤
13. 大体上說韓國企業比較值得信賴。	①	②	③	④	⑤
14. 條件允許的話會参与社會奉獻活動。	①	②	③	④	⑤
15. 如果有机會會參加民衆團体。	①	②	③	④	⑤
16. 有參加地方議員, 國會議員選擧投票的意向。	①	②	③	④	⑤
17. 我有意向參加政治活動(選擧, 加入政党等)。	①	②	③	④	⑤
18. 我可以從認識的韓國人那里感受到團結的力量。	①	②	③	④	⑤
19. 我可以從認識的韓國人那里感受到團隊意識。	①	②	③	④	⑤
20. 我可以從認識的韓國人那里感受到友誼。	①	②	③	④	⑤

19. 阁下的网络集会和非网络集会是怎样的? (可多选)

問 項	网絡集會	off-line (离線, 非网絡)集會
1. 和睦的學社		
2. 同學會		
3. 宗教集會		
4. 演繹/娛樂/粉絲俱樂部集會		
5. 學習/敎育集會		
6. 政治實事集會		
7. 興趣/体育集會		
8. 自愿奉獻集會		
9. 其他 (請具体說明)		

20. 关于一般媒体的使用动机而提出的问题。

問 項	完全否定	－	普通	－	完全肯定
1. 看電視或者上网給我帶來了快樂。	①	②	③	④	⑤
2. 看電視或者上网很有趣。	①	②	③	④	⑤
3. 習慣性的去使用。	①	②	③	④	⑤
4. 讓我感到很方便。	①	②	③	④	⑤
5. 因爲有電視或网絡所以就那樣使用了。	①	②	③	④	⑤
6. 是爲了减輕壓力和轉換心情而看的。	①	②	③	④	⑤
7. 因爲會提供一些談話的話題。	①	②	③	④	⑤
8. 爲了在无聊的時候打發時間。	①	②	③	④	⑤
9. 沒什么特別的事可做所以就使用了。	①	②	③	④	⑤
10. 不喜歡自己一个人的感覺而使用。	①	②	③	④	⑤
11. 爲了消除孤獨感。	①	②	③	④	⑤
12. 爲了消除苦惱和緊張。	①	②	③	④	⑤
13. 因爲沒有一起說話或者生活的人。	①	②	③	④	⑤
14. 本來就喜歡看電視和上网。	①	②	③	④	⑤
15. 爲了看喜歡的演員。	①	②	③	④	⑤
16. 假日或者休閑生活的手段。	①	②	③	④	⑤
17. 爲了和丈夫對話。	①	②	③	④	⑤
18. 爲了子女的教育。	①	②	③	④	⑤
19. 爲了快速學習韓國語。	①	②	③	④	⑤
20. 爲了快速适應韓國的文化。	①	②	③	④	⑤
21. 因爲有很多關于韓國的信息。	①	②	③	④	⑤
22. 爲了得到祖國(自己的國家)的文化信息。	①	②	③	④	⑤
23. 可以間接的了解自己沒有做過的事情。	①	②	③	④	⑤
24. 因爲怀念祖國(自己的國家)。	①	②	③	④	⑤
25. 可以了解和自己一樣處境的人在韓國是怎么生活的。	①	②	③	④	⑤
27. 爲了和祖國(自己的國家)文化做比較。	①	②	③	④	⑤
28. 爲了得到情報。	①	②	③	④	⑤

부록4. 베트남 설문지

ĐIỀU TRA NHẬN THỨC VỀ PHƯƠNG TIỆN TRUYỀN THÔNG ĐẠI CHÚNG CỦA CÁC GIA ĐÌNH ĐA VĂN HÓA

Xin chào các bạn

Xin chúc gia đình các bạn tràn đầy hạnh phúc

Tôi là Jin Chang Hyeon giáo sư khoa Quản trị kinh doanh trường Đại học Kyeonggi. Bản điều tra này nhằm mục đích nắm được hình thái tiêu thụ, sử dụng phương tiện truyền thông đại chúng của các gia đình đa văn hóa. Tất cả các nội dung mà các bạn trả lời đều được đảm bảo tuyệt đối giữ bí mật căn cứ theo điều 8 luật Thống kê; ngoài mục đích nghiên cứu mang tính học thuật ra, sẽ không được sử dụng với bất kỳ mục đích nào khác. Kết quả trả lời của các bạn sẽ được sử dụng cho các nghiên cứu mang tính chất học thuật quan trọng hơn; chính vì vậy các bạn hãy vui lòng dành chút ít thời gian quý báu của mình để hoàn thành bản điều tra một cách trung thực, chính xác, và trả lời đầy đủ tất cả các câu hỏi. Ngoài ra, chúng tôi sẽ gửi kết quả luận văn cho các cá nhân và đơn vị có quan tâm đến đề tài nghiên cứu này.

Đơn vị chủ quản: Tổ chức phúc lợi xã hội Asan

※Các câu hỏi liên quan đến nội dung điều tra, xin liên hệ địa chỉ sau: Cơ quan điều tra: Đại học Kyeonggi

Kyeonggi Univ., Business Administration Dept., san 9 4-6 Iui-dong, Yeongtong-gu, Suwon-si, Gyeonggi-do Korea

☎: 031-249-9427

E-mail: chjin@kgu.ac.kr.

1. Giới tính của bạn? ① Nam ② Nữ

2. Tuổi của bạn? ( ) Tuổi

3. Quốc tịch của bạn?
① Việt Nam ② Trung Quốc ③ Philippin ④ Cam-pu-chia ⑤ Indonesia ⑥ Srilanka
⑦ Thái Lan ⑧ ( )

4. Trình độ học vấn của bạn?
① Tốt nghiệp từ cấp 1 trở xuống ② Tốt nghiệp từ cấp 2 trở xuống
③ Tốt nghiệp từ cấp 3 trở xuống ④ Tốt nghiệp từ đại học trở lên

5. Nghề nghiệp của chồng bạn là gì?
① Nhân viên công ty ② Nhân viên nhà nước ③ Nghề nghiệp kỹ thuật
④ Nghề nghiệp mang tính chất chuyên môn ⑤ Nghề nghiệp dịch vụ ⑥ Tự kinh doanh
⑦ Học sinh ⑧ Nông nghiệp ⑨ Khác

6. Tổng thu nhập bình quân tháng của toàn thể gia đình bạn là bao nhiêu?
① Dưới 1,000,000won ② 1,000,000~2,000,000won ③ 2,000,000~3,000,000won
④ 3,000,000~4,000,000won ⑤ Trên 4,000,000won

7. Hình thức nhà ở của bạn?
① Nhà sở hữu của bạn ② Nhà thuê ký quỹ ③ Nhà thuê theo tháng ④ Khác

8. Nhà bạn đang sống thuộc dạng?
① Nhà riêng ② Chung cư ③ Nhà sống chung nhiều thế hệ ④ Phòng đơn ⑤ Khác( )

9. Bạn cư trú ở Hàn Quốc được bao lâu? ( )năm ( )tháng

10. Bạn có con cái hay không? ① Không có ② 1con ③ 2con ④ 3con trở lên

11. Khu vực bạn đang cư trú hiện nay là ở đâu?
( )Tỉnh ( )Thành phố/Quận/Huyện ( )Thị trấn/Xã/Ấp

12. Bạn đánh giá khả năng tiếng hàn của mình như thế nào?
① Hoàn toàn không biết ② Biết một chút ③ Bình thường ④ Giỏi một chút
⑤ Tự đánh giá là Rất giỏi

13. Bạn suy nghĩ như thế nào về mức độ thỏa mãn trong cuộc sống tại Hàn Quốc?
① Hoàn toàn không thỏa mãn ② Một chút ③ Bình thường ④ Thỏa mãn một chút ⑤ Rất thỏa mãn

14. Dưới đây là các câu hỏi liên quan đến Thời gian sử dụng các phương tiện truyền thông đại chúng.
14-1. Trong 1 ngày, bình quân bạn dành bao nhiêu thời gian để xem tivi?
① Hoàn toàn không xem ② Khoảng 1 đến 2 tiếng ③ Khoảng 2 đến 3 tiếng
④ Khoảng 3 đến 5 tiếng ⑤ 5 tiếng trở lên

14-2. Trong 1 ngày, bình quân bạn dành bao nhiêu thời gian để sử dụng internet?
① Hoàn toàn không sử dụng ② Từ 1 tiếng trở xuống ③ Khoảng 1 đến 2 tiếng
④ Khoảng 2 đến 3 tiếng ⑤ Từ 3 tiếng trở lên

14-3. Trong 1 ngày, bình quân bạn dành bao nhiêu thời gian để sử dụng điện thoại di động?
① Hoàn toàn không sử dụng ② Từ 1 tiếng trở xuống ③ Khoảng 1 đến 2 tiếng
④ Khoảng 2 đến 3 tiếng ⑤ Từ 3 tiếng trở lên

14-4. Trong 1 tuần, bình quân bạn dành bao nhiêu ngày để đọc báo hoặc tạp chí?
① Hoàn toàn không đọc ② Từ 1 ngày trở xuống ③ Từ 1 đến 2 ngày ④ Từ 2 đến 3 ngày ⑤ Từ 3 ngày trở lên

15. Sau đây là các câu hỏi về mô hình sử dụng theo từng thể loại của các phương tiện truyền thông đại chúng.
(15-1~15-2: Có thể chọn nhiều câu trả lời)
15-1. Bạn hay xem chương trình tivi nào nhiều nhất?
① Chương trình tin tức thời sự ② Chương trình giáo dục đào tạo ③ Chương trình giải trí
④ Phim truyền hình ⑤ Khác

15-2. Bạn hay đọc các chuyên mục nào nhiều nhất trên các báo, tạp chí?
① Chuyên mục thời sự chính trị hằng ngày ② Chuyên mục thể thao ③ Chuyên mục nghệ thuật
④ Chuyên mục thông tin cuộc sống ⑤ Khác

16. Mức độ hài lòng của bạn về các Chính sách hổ trợ đối với các gia đình đa văn hóa?

Các chính sách, chế độ hỗ trợ	Hoàn toàn không như thế.		Bình thường		Rất như thế
1. Chế độ bảo vệ nhân quyền và Giáo dục chuẩn bị kết hôn thuộc quá trình kết hôn có yếu tố nước ngoài	①	②	③	④	⑤
2. Giáo dục tiếng Hàn quốc để sớm thích nghi trong thời kỳ đầu	①	②	③	④	⑤
3. Giáo dục về văn hóa Hàn Quốc để sớm thích nghi trong thời gian đầu	①	②	③	④	⑤
4. Giáo dục chung về mọi vấn đề gia đình	①	②	③	④	⑤
5. Tư vấn Kết hôn và các vấn đề trong gia đình	①	②	③	④	⑤
6. Dịch vụ biên phiên dịch	①	②	③	④	⑤
7. Hỗ trợ chăm sóc và nuôi dưỡng trẻ em	①	②	③	④	⑤
8. Hỗ trợ y tế	①	②	③	④	⑤
9. Hỗ trợ việc làm	①	②	③	④	⑤
10. Tư vấn hỗ trợ tránh các bạo lực trong gia đình	①	②	③	④	⑤
11. Hỗ trợ phát triển ngôn ngữ con em	①	②	③	④	⑤
12 Thúc thẩy gia nhập xã hội cho con em	①	②	③	④	⑤
13. Phát triển khả năng song ngữ cho con em	①	②	③	④	⑤
14. Hỗ trợ giáo dục công nghệ thông tin hóa và giáo dục nghề nghiệp	①	②	③	④	⑤

17. Lý do bạn sử dụng Internet và Điện thoại thông minh(nếu đang sử dụng) là gì?

Câu hỏi	Người sử dụng internet					Người sử dụng điện thoại thông minh				
	Hoàn toàn không như thế.		Bình thường		Rất như thế	Hoàn toàn không như thế.		Bình thường		Rất như thế
1. Xem thông tin liên quan đến chính trị, thời sự	①	②	③	④	⑤	①	②	③	④	⑤
2. Xem thông tin liên quan đến thể thao, nghệ thuật, giải trí	①	②	③	④	⑤	①	②	③	④	⑤
3. Xem báo mạng (online)	①	②	③	④	⑤	①	②	③	④	⑤
4. Mua sắm shopping	①	②	③	④	⑤	①	②	③	④	⑤
5. Chơi game	①	②	③	④	⑤	①	②	③	④	⑤
6. Nghe nhạc hoặc download nhạc về nghe	①	②	③	④	⑤	①	②	③	④	⑤
7. Xem phim truyền hình hoặc điện ảnh	①	②	③	④	⑤	①	②	③	④	⑤
8. Sử dụng để tham gia các Cộng đồng mạng, tham gia các Diễn đàn, Câu lạc bộ người hâm mộ, v.v.	①	②	③	④	⑤	①	②	③	④	⑤
9. Nói chuyện, làm quen với người khác thông qua internet(điện thoại)	①	②	③	④	⑤	①	②	③	④	⑤
10. Nhận, gửi email thông qua internet	①	②	③	④	⑤	①	②	③	④	⑤
11. Tham gia các cuộc thảo luận online về vấn đề chính trị, thời sự.	①	②	③	④	⑤	①	②	③	④	⑤
12. Tham gia các cuộc thảo luận online về vấn đề nghệ thuật, thể thao, giải trí.	①	②	③	④	⑤	①	②	③	④	⑤

18. Sau đây là câu hỏi về các yếu tố hình thành nền tảng vốn sống mang tính chất xã hội.

Câu hỏi	Hoàn toàn không như thế.		B ình th ư ờng	R ất nh ư th ế	
1. Nhìn chung, tất cả người Hàn QUốc đều đáng tin tưởng.	①	②	③	④	⑤
2. Những người Hàn Quốc mà tôi quen biết, nhìn chung đều đáng tin tưởng.	①	②	③	④	⑤
3. Tất cả người Hàn Quốc hầu như chỉ lo riêng cho phần của mình.	①	②	③	④	⑤
4. Những người Hàn Quốc mà tôi quen biết, chỉ lo riêng cho phần của mình.	①	②	③	④	⑤
5. Tất cả người Hàn Quốc nói chung đều làm ăn một cách công bằng và chính xác.	①	②	③	④	⑤
6. Những người Hàn Quốc mà tôi quen biết, đều làm ăn một cách công bằng và chính xác.	①	②	③	④	⑤
7. Nhìn chung tôi thuộc dạng tin tưởng chính phủ Hàn Quốc.	①	②	③	④	⑤
8. Nhìn chung tôi thuộc dạng tin tưởng các nhân viên nhà nước của địa phương, khu vực.	①	②	③	④	⑤
9. Nhìn chung tôi thuộc dạng tin tưởng các tổ chức đoàn thể hỗ trợ của Hàn Quốc(NGO, YMCA, Tổ chức hỗ trợ dân di cư)	①	②	③	④	⑤
10. Nhìn chung tôi thuộc dạng tin tưởng Quốc hội Hàn Quốc.	①	②	③	④	⑤
11. Nhìn chung tôi thuộc dạng tin tưởng Tòa án Hàn Quốc.	①	②	③	④	⑤
12. Nhìn chung tôi thuộc dạng tin tưởng các phương tiện ngôn luận(Tivi, Báo chí, Internet) của Hàn Quốc.	①	②	③	④	⑤
13. Nhìn chung tôi thuộc dạng tin tưởng các doanh nghiệp của Hàn Quốc.	①	②	③	④	⑤
14. Tôi có ý muốn tham gia các hoạt động giúp đỡ tình nguyện nếu có điều kiện.	①	②	③	④	⑤
15. Tôi có ý muốn tham gia vào các tổ chức đoàn thể hỗ trợ nếu có cơ hội.	①	②	③	④	⑤
16. Tôi có ý muốn tham dự vào các cuộc bầu cử Nghị viện khu vực, nghị viện quốc hội, và các loại bầu cử khác.	①	②	③	④	⑤
17. Tôi có ý muốn tham gia vào các hoạt động mang tính chính trị(Hoạt động ứng cử, tuyển cử, gia nhập chính đảng, v.v..)	①	②	③	④	⑤
18. Tôi cảm thấy cảm giác đoàn kết đối với những người mà tôi quen biết được tại Hàn Quốc.	①	②	③	④	⑤
19. Tôi nhận thức được tinh thần đồng lưu, đồng nghiệp đối với những người mà tôi quen biết được tại Hàn Quốc.	①	②	③	④	⑤
20. Tôi nhận thức được tình cảm bạn bè đối với những người mà tôi quen biết được tại Hàn Quốc.	①	②	③	④	⑤

19. Các hội nhóm mà bạn hoạt động trên mạng và gặp gỡ trực tiếp? (Có thể chọn nhiều câu trả lời)

Tên hội nhóm	Hoạt động trên mạng	Hoạt động gặp gỡ trực tiếp
1. Hội tình thân		
2. Hội bạn học		
3. Hội nhóm tôn giáo		
4. Hội nhóm nghệ thuật/ Giải trí/ Câu lạc bộ hâm mộ		
5. Hội nhóm học tập, giáo dục		
6. Hội nhóm thời sự, chính trị		
7. Hội nhóm về sở thích riêng/ thể thao		
8. Hội nhóm hoạt động tình nguyện		
9. Khác(nếu có vui lòng ghi rõ)		

20. Sau đây là câu hỏi về lý do sử dụng các phương tiện truyền thông đại chúng nói chung.

Lý do	Hoàn toàn không như thế.		B ình th ư ờng	R ất nh ư th ế	
1. Vì việc xem ti vi hoặc sử dụng internet làm tôi cảm thấy vui vẻ.	①	②	③	④	⑤
2. Vì việc xem ti vi và sử dụng internet rất thú vị.	①	②	③	④	⑤
3. Vì thói quen	①	②	③	④	⑤
4. Vì nó làm cho tôi thoải mái.	①	②	③	④	⑤
5. Vì có tivi và internet nên tôi cứ sử dụng thôi.	①	②	③	④	⑤
6. Tôi xem tivi hoặc lướt nét để giải tỏa căng thẳng và đổi gió tinh thần.	①	②	③	④	⑤
7. Để cung cấp thêm đề tài nói chuyện.	①	②	③	④	⑤
8. Để giết thời gian khi cảm thấy chán.	①	②	③	④	⑤
9. Vì không có việc gì làm đặc biệt, nên xem tivi hoặc lướt net.	①	②	③	④	⑤
10. Vì không thích cảm giác ở 1 mình nên xem tivi hoặc lướt net.	①	②	③	④	⑤
11. Để an ủi nỗi cô đơn.	①	②	③	④	⑤
12. Để xoa dịu nỗi khổ tâm và lo lắng	①	②	③	④	⑤
13. Vì không có người cùng nói chuyện hoặc chơi cùng nhau nên xem tivi hoặc lướt net.	①	②	③	④	⑤
14. Vì vốn dĩ thích xem tivi hoặc sử dụng internet.	①	②	③	④	⑤
15. Vì có nghệ sĩ mà tôi yêu thich xuất hiện nên tôi xem tivi hoặc sử dụng internet.	①	②	③	④	⑤
16. Là phương tiện của cuộc sống thư giãn.	①	②	③	④	⑤
17. Tôi xem tivi hoặc lướt net để nói chuyện với chồng.	①	②	③	④	⑤
18. Tôi xem tivi hoặc lướt net để giáo dục con cái.	①	②	③	④	⑤
19. Tôi xem tivi hoặc lướt net để học tiếng Hàn nhanh chóng.	①	②	③	④	⑤
20. Tôi xem tivi hoặc lướt net để có thể thích ứng nhanh với văn hóa Hàn Quốc	①	②	③	④	⑤
21. Vì thông tin về Hàn Quốc rất nhiều nên tôi sử dụng.	①	②	③	④	⑤
22. Tôi xem tivi hoặc lướt net để nắm bắt thông tin về tình hình đất nước, quê hương tôi.	①	②	③	④	⑤
23. Để có thể kinh nghiệm được nhiều điều mà tôi không thể đi xem trực tiếp được.	①	②	③	④	⑤
24. Tôi xem tivi hoặc lướt net vì nỗi nhớ quê hương.	①	②	③	④	⑤
25. Tôi xem tivi hoặc lướt net để tìm hiểu thêm những người có hoàn cảnh giống tôi đang định cư, sống tại Hàn Quốc, họ sinh sống ra sao.	①	②	③	④	⑤
27. Để so sánh Văn hóa Hàn Quốc và Văn hóa đất nước tôi.	①	②	③	④	⑤
28. Để nắm được nhiều thông tin.	①	②	③	④	⑤

부록5. 몽골어 설문지

Олон соёлт гэр бҮлийн мэдээлэлийн гол хэрэгсэлийн талаарах суддалгаа

Сайн байна уу?

Би Гонги их сургуулийн бизнесийн удирдлагын багш жин чанхён байна.

Энэ судалгаан Ансан нийгэмийн халамжийн байгууллага б олон нийт олон соёлт гэр бүлийн мэдээлэлийн хэрэгсэлийн хэрэглээний байдал болон, мөн олон соёлт бодлогийн талаар х сэтгэл ханамжийг мэдэх зорилогоор боловсруулсан болно. Доорх асуултын талаарах таны хариултууд эрдэм шинжилгээ ний ажилд ашиглагдах учираас цаг зав гарган үнэн зөв хари улж өгөхийг хүсье. энэ судалгааны талаар сонирхож байгаа хүмүүст судалгааны ажилынхаа үр дүнгийн талаар илгээж б олно.

Удирдах байгууллага: Ансан ниигэм халамжийн байгууллага

Судалгааны байгууллага:Гонги их сургууль

Хаяг: сүвон хот гонги дүүрэг иы хороо уулын 94-6

☎ 031-249-9427 / Судалгаа хариуцагч Жинчанхён/

1. хүй с? эр эм

2. нас? ( )

3. иргэншил?
- Ветнам Хятад Филипин Камбуч Индонез Шриланк Тай ланд

4.боловсрол?
бага дунд ахлах дээд сугууль

5. таны нөхрий н мэрэгжил?
компаний ажилтан улсын албан хаагч техникий н мэргэжилтэн мэргэшилтэн үй лчлэгч хувий н бизнес оюутан газар тариалан

6. таны гэр бүлий н сарын дундаж орлого хэд вэ?
1саяаас доош 1сая-2сая 2сая-3сая 3сая-4сая 4саяаас дээш

7. таны амьдарч бай гаа орон сууцны бай дал?
хувий н орон сууц бүтэн түрээсий н бай р/чонсэ/ сарын түрээсий н бай р/волсэ/бусад

8. таны амьдарч бай гаа бай р орон сууцны төрөл?
дан орон сууц/дандугжүтэг/ орон сууц/аппат/ ний тий н бай р/дасэдэжүтэк/ганц өрөө/воннум/ бусад

9. таны солонгост оршин сууж бай гаа хугацаа? ( )жил ( )сар

10. танд хүүхэд бай гаа юу?
бай хгүй 1хүүхэд 3хүүхэдээс дээш

11. таны оршин суугаа газар хаана вэ?
( ) хот, ай маг ( )дүүрэг ( )хороо

12. таны солонгос хэлний мэдлэгий н төвшин хэр зэрэг вэ?
огт мэдэхгүй бага зэрэг дунд зэрэгсай н талдаа маш сай н гэж бодож бай на

13. та солонгост амьдарч бай гаадаа хэр сэтгэл хагалуун бай даг вэ?
огт хагалуун биш бага зэгэг дунд зэрэг хангалуун маш их хангалуун

14. ний тий н мэдээлэлий н хэрэгсэлий г ашиглах цагий н талаарах асуултууд
14-1.та өдөрт дунджаар хэдэн цаг зурагт үздэг вэ?
огт үздэггүй 1-2цаг 2-3цаг 3-5цаг 5 цагаас дээш

14-2.та өдөрт дунджаар интернет хэдэн цаг хэрэглэдэг вэ?
огт хэрэглэдэггүй 1цагаас доош 1-2цаг 2-3цаг 3цагаас дээш

14-3.та өдөрт дунджаар гар утас (смарт) хэр зэрэг хэрэглэдэг вэ?
огт хэрэглэдэггүй 1цагаас доош 1-2цаг 2-3цаг 3цагаас дээш

14-4.та дунджаар долоо хонгий н хэдэн өдөр нь сонин, сэтгүүл уншдаг вэ?
огт уншдаггүй 1 өдөрөөс доош 1-2өдөр 2-3өдөр3аас дээш өдөр

15.таны ашигладаг ний тий н хэвлэл мэдээлэлий н хэрэгсэлий н төрөл ангилалий н талаарах асуултууд
15-1.таны хамгий н их үздэг TVтөрөл юу вэ?
мэдээлэлий н хөтөлбөр соёл боловсролын хөтөлбөр цэнгээнт хөтөлбөр драм бусад

15-2.таны хамгий н их уншдаг сонин сэтгүүлий н нэр төрөл?
улс төр спорт урлаг ний гэм бусад

16. та доорох олон соёлт гэр бҮлийг дэмжих бодлогийн талаар хэр сэтгэл хангалуун байдаг вэ?

Асуултын төрөл	огт үгүй	.	дунд зэрэг	.	үнхээр тий м
1. олон улсын хуримын хүний эрхий г хамг аалах тогтолцоо болон хуримын бэтгэл, сургалт	①	②	③	④	⑤
2. солонгос хэлний хичээл	①	②	③	④	⑤
3. соёлтой танилцах сургалт	①	②	③	④	⑤
4. гэр бүлий н эв нэгдэл сургалт	①	②	③	④	⑤
5. хурим болон гэр бүлий н асуудлын зөвлөгөө	①	②	③	④	⑤
6. аман болон бичгэн орчуулага	①	②	③	④	⑤
7. өсгөн хүмүүжүүлэх болон асран хамгаалах.	①	②	③	④	⑤
8. Эмнэлгий н тусламж	①	②	③	④	⑤
9. Ажлын бай рны тусламж	①	②	③	④	⑤
10. Гэр бүлий н хүчирхий лэлий н зөвлөгөө	①	②	③	④	⑤
11. Хүүхдий н хэл ярианы хөгжлий г дэмжих	①	②	③	④	⑤
12. Хүүхдий н ний гмий н итвэхий г дээшлү үлэх	①	②	③	④	⑤
13. хүүхдий н хос хэлний г сай жруулах.	①	②	③	④	⑤
14. мэдээлэл болон мэргэжлий н сургалт.	①	②	③	④	⑤

17. Таны интернет болон смарт гар утас(ашиглаж бай гаа бол) ашиглдаг шалтгаан нь юу вэ?

Асуултын төрөл	Интернет хэрэглэгч					Смарт гар утас хэрэглэгч				
	Огт Үгүй	.	дунд тий м	.	үнхээр зэрэ	Огт Үгүй	.	дунд тий м	.	үнхээр зэрэ
1. улс төр цаг үеий н мэдээлэл харах	①	②	③	④	⑤	①	②	③	④	⑤
2. спорт,урлаг,хөгжөөнт мэдээлэл харах	①	②	③	④	⑤	①	②	③	④	⑤
3. интернет(on-line)сонин унших	①	②	③	④	⑤	①	②	③	④	⑤
4. интернет дэлгүүр	①	②	③	④	⑤	①	②	③	④	⑤
5. тоглоом тоглох	①	②	③	④	⑤	①	②	③	④	⑤
6. дуу татаж сонсох	①	②	③	④	⑤	①	②	③	④	⑤
7. драм, кино үзэх	①	②	③	④	⑤	①	②	③	④	⑤
8. интернет кафе,пен клуб,	①	②	③	④	⑤	①	②	③	④	⑤
9. интернет смарт гар утасаар дамжуул ан хүмүүстэй харилцах	①	②	③	④	⑤	①	②	③	④	⑤
10. интернетээр дамжуулан@mail авах, и лгээх	①	②	③	④	⑤	①	②	③	④	⑤
11. Улс төр өнөөгий н бай длын талаарх on-line ярилцлагад оролцох	①	②	③	④	⑤	①	②	③	④	⑤
12. Урлаг, спорт, цэнгээнт хөтөлбөрт оро лцох	①	②	③	④	⑤	①	②	③	④	⑤

18. Нийгэмийн хөрөнгийн доод хэсгийг бҮрдҮҮлэгч элементҮҮдын талаарах асуултууд?

Асуултын төрөл	огт үгүй	·	дунд зэрэг	·	үнхээр тий м
1. Бүх солонгос хүмүүст иттэж болхоор	①	②	③	④	⑤
2. Миний таньдаг солонгос хүмүүс ерөнхий дөө итгэж болхоор	①	②	③	④	⑤
3. Бүх солонгос хүмүүс хувиа хичээдэг	①	②	③	④	⑤
4. Миний таньдаг солонгос хүмүүс хувиа хичээд эг	①	②	③	④	⑤
5. Бүх солонгос хүмүүс шударга арилжаа хий дэг	①	②	③	④	⑤
6. Миний таньдаг солонгос хүмүүс шударга арил жаа хий дэг	①	②	③	④	⑤
7. Солонгосын засгий н газарт ерөнхий дөө итгэд эг талдаа.	①	②	③	④	⑤
8. Орон нутгий н албан хаагч нарт ерөнхий д нь итгэдэг талдаа	①	②	③	④	⑤
9. Солонгосын иргэдий н бай гууллаг/NGO,YMCA, Цагаач иргэдий н бай гууллага/-д итгэж най д даг талдаа	①	②	③	④	⑤
10. Солонгосын парламентэд ерөнхий дөө итгэдэг талдаа	①	②	③	④	⑤
11. Солонгосын шүүхий н талаар ерөнхий дөө иттэ дэг талдаа	①	②	③	④	⑤
12. Солонгосын хэвлэл мэдээлэл/зурагт, сонин, ин тернет/-д итгэдэг талдаа	①	②	③	④	⑤
13. Солонгосын аж ахуй н нэгжүүдэд итгэдэг тал даа	①	②	③	④	⑤
14. Нөхцөл боломж гарвал сай н дурын үй л ажил лагаанд оролцох санаа бодол бай даг	①	②	③	④	⑤
15. Боломж бай вал иргэдий н бай гууллагад орол цох санаа бай даг	①	②	③	④	⑤
16. Орон нутгий н гишүүн, парламентий н гишүү н,сонгох сонгуульд оролцох бодол бай даг	①	②	③	④	⑤
17. Би улс төрий н үй л ажиллагаа/сонгууль намд элсэн орох/-д оролцох бодол бай даг	①	②	③	④	⑤
18. Би солонгос хүмүүсээс эв нэгдлий г мэдэрдэг	①	②	③	④	⑤
19. Би солонгос хүмүүсээс хамт олонч сэтгэлий г мэдэрдэг	①	②	③	④	⑤
20. Би солонгос хүмүүсээс сай н түншлэлий г мэд эрдэг	①	②	③	④	⑤

19. Таны on-line/интернет сҮлжээ/ болон off-line/интерн ет сҮлжээнээс гаднах/ Үйл ажиллагаатай цуглааны тал аар ямар бодолтой байдаг вэ?

Асуултын төрөл	on-line/интернет сүлжээ дэхь/	off-line/интернет сүлжээнээс гадуур/
1. нөхөрсөг уулзалт		
2. нэг төгсөлтий хний цуглаан		
3. шашины цуглаан		
4. урлаг, тоглоом, пен клуб цуглаан		
5. сургалт, боловсролын цуглаан		
6. улс төрий н цуглаан		
7. хобби,спортын цуглаан		
8. сай н дурын үй л ажиллагааны ц углаан		
9. Бусад/өөр төрөл зүй л бай вал бич их/		

20. Энгийн мэдээлэлийн хэрэгсэлийг ашигладаг шалтгааны талаарах асуултууд

Асуултын төрөл	огт үгүй	.	дунд зэрэг	.	үнхээр тий м
1. TVүзэх, интернет хэрэглээ намай г хөгжилтэй бо лгодог	①	②	③	④	⑤
2. TVүзэх, интернет хэрэглэхэд сонирхолтой бай даг	①	②	③	④	⑤
3. дадал зуршилаараа хэрэглдэг.	①	②	③	④	⑤
4. надад тав тухтай бай даг	①	②	③	④	⑤
5. зурагт,интернет бай гаа учраас хэрэглдэг	①	②	③	④	⑤
6. стресс арилгах, өөрий гөө сэргээх гэж хэрэглдэг	①	②	③	④	⑤
7. харилцан ярианы сэдэв болж өгдөг	①	②	③	④	⑤
8. уй тгартай үедээ цаг нөхцөөх гэж хэргэлдэг	①	②	③	④	⑤
9. онцын ажилгүй үедээ хэрэглдэг	①	②	③	④	⑤
10. ганцаараа бай гаа гэдгээ мэдэрэхгүй н тулд	①	②	③	④	⑤
11. уй дгараа сэгээх гэж	①	②	③	④	⑤
12. Сэтгэлий н зовлонгоо арилгах гэж	①	②	③	④	⑤
13. цугтаа цагаа өнгөрөөж ярилцах хүнгүй болхоор	①	②	③	④	⑤
14. угасаа л зурагт үзэж,интернет хэрэглэх дуртай	①	②	③	④	⑤
15. дуртай жүжигчин, дуучин гарвал үздэг	①	②	③	④	⑤
16. сул чөлөөтэй амьдрахын нэг арга зам	①	②	③	④	⑤
17. нөхөртэй гээ ярилцах гэж	①	②	③	④	⑤
18. хүүхдий н боловсролын төлөө	①	②	③	④	⑤
19. солонгос хэл хурдан сурхын тулд	①	②	③	④	⑤
20. солонгосын соёлд хурдан дасхын тулд	①	②	③	④	⑤
21. солонгосын талаарах мэдээлэл их бай даг учраас	①	②	③	④	⑤
22. эх орныхоо тухай мэдээлэлий г авах гэж	①	②	③	④	⑤
23. хий ж үзээгүй зүй лээ хий ж үзэх гэж	①	②	③	④	⑤
24. эх орноо санахараа	①	②	③	④	⑤
25. надтай адил солонгост амьдарч бай гаа хүмүүси й г яаж амьдардагыг мэдэх боломжтой учраас	①	②	③	④	⑤
26. өөрий н орны соёлыг харицуулан үзэх гэж	①	②	③	④	⑤
27. мэдээлэл авах гэж	①	②	③	④	⑤

| 참고문헌 |

공영일 (2010). 스마트폰의 함의와 시사점. 방송통신정책, 22(4), 1-22.

권민택 · 신민수 (2009). 스마트폰 시장 활성화 장애요인 연구: 소비자의 혁신저항으로 중심으로, 한국경영정보학회 춘계학술대회 발표논문집, 90-95.

곽정래 · 박승관 (2006). 새터민의 매스미디어 이용과 사회적응: 신뢰, 네트워크 그리고 사회정치참여를 중심으로, 한국언론학보, 50(6), 416-504.

강남준 · 이종영 · 이혜미 (2008). 군집분석 방법을 사용한 미디어 레퍼토리 유형분석, 한국방송학보, 22(2), 7-46.

강진구 (2009). 다문화교육이 대학생들의 다문화 인식에 미친 영향, 도서출판 경진.

강휘원 (2006). 한국 다문화사회의 형성 요인과 통합 정책, 국가정책연구, 20(2),5-34.

권상희 · 우지수 (2005). 블로그미디어 연구: 블로그 이용 및 만족과 인지행태에 관한 연구, 한국방송학보, 15, 93-134.

권장원 (2004). 한국 언론사의 관계 권력 구조에 대한 연구, 한국언론학보, 48(2), 164-188.

금희조 (2010). 온라인 소셜 미디어와 참여적 사회자본: 한국과 미국 대학생의 연결적 VS 결속적 이용을 중심으로, 한국방송학보, 24(5), 9-46.

김경근 (1991). 인적자본과 교육 가족의 형성 및 경제성장, 교육재정경제연구, 49(2), 385-414.

김경준 · 김학희 · 이기동 (2008). 웹 블로그 재이용의도: 이용동기와 블로그 품질을 통한 실증분석, e-비지니스연구, 9(3), 159-181.

김경희 · 배진아 (2006). 30대 블로거들의 블로그 매개 커뮤니케이션 연구,

한국언론학보, 50(5), 5-29.
김미나 (2009). 다문화 교육정책의 추진 체계 및 정책 기제 연구: 행위주체별 정책 목표와 수단을 중심으로, 다문화사회연구, 2(2), 63-96.
김봉섭 (2010). 블로그 이용에 따른 사회적 연결망 유형과 사회자본 효과 연구, 언론과학연구, 10(2), 73-104.
김선남 · 홍숙영 (2009). 다문화 관련 TV 프로그램 시청동기에 관한 연구, 주관성 연구, 18, 41-55.
김성연 · 이영환 · 박윤재 (2010). 사회적 자본 제고 요인 탐색에 관한 연구, 국토계획, 45(7), 83-95.
김영옥 (2007). 새로운 '시민들'의 등장과 다문화주의 논의, 아시아여성연구, 46(2),129-160.
김영주 (2005). 블로그: 1인 미디어의 가능성과 한계, 한국언론재단.
김유경 (2009). 다문화가족의 실태와 정책방안, 보건복지포럼, 5, 29-52.
김유정 (2005). 사이버 커뮤니티 참여와 이용에 대한 이용과 충족 연구. 한국언론학보, 49(3), 291-318.
김유정 · 김혜영 (2010). 소셜미디어 마케팅에서 정의와 신뢰가 온라인 구전의도에 미치는 영향: 파워블로그와 메타블로그를 중심으로, 인터넷전자상거래연구, 10(3), 131-155.
김이선 (2007). 제자리를 찾아야 할 여성결혼이민자정책, 젠더리뷰, 봄호, 22-31.
김이선 · 김민정 · 한건수 (2006). 여성결혼이민자의 문화적 갈등경험과 소통증진을 위한 정책과제, 한국여성개발원.
김정기 (1995). 대학생 수용자의 텔레비전 시청동기 연구, 한국언론학보, 34(4), 37-70.
김재휘 · 홍재욱 (2000). 인터넷 이용자들의 동기와 사이트 이용행동, 한국심리학회지 소비자 광고, 1(2), 25-46.
김지은 (2007). 한국인 아내 만들기: 베트남 여성 사례를 통해 본 결혼이민의 제도화, 비교문화연구, 13(2), 41-72.
김태식 (2012). 다문화주의의 한계와 대안 모색: 일본의 경험, 다문화와 인간, 1(1), 91-112.
김호연 (2011). 미국의 동화주의적 이민자 정책과 다문화주의, 인문과학연구, 28, 247-268.
김현미 (2008). 이주자와 다문화주의, 다문화 포럼 발표 자료
김혜순 (2009). 다문화정책의 주요 쟁점과 입법과제, 국회도서관보, 46(10), 2-12.
마르티니엘로/윤진(역) (2002). 현대사회의 다문화주의, 한울.
문경희 (2006). 국제결혼 이주여성을 계기로 살펴보는 다문화주의와 한국의 다문화현상, 21세기정치학회보, 16(3), 67-93.
문화관광연구원 (2008). 이주민 관련 문화프로그램의 현황분석과 개선방안에 대한 연구, 정책보고서 2008-09.
박경숙 · 이지현 (2011). 한국과 독일의 다문화 관련 미디어 이용에 관한 연구, 탐라문화, 39, 49-85.
박광순 · 조명휘 (2004). 인터넷의 웹블로그(Web-blog) 이용동기와 만족도에 관한 연구: 대학생 집단을 중심으로, 한국언론학보, 48(5), 270-294.
박신규 (2008). 국제결혼 이주여성의 정체성 및 주체성의 사회적 위치성에 따른 변화, 한국지역지리학회지, 14(1), 40-53.
박윤환 (2010). 수도권 지역 외국인들의 거주지 분리에 대한 연구, 행정논총, 48(4), 429-453.
박인곤 · 강형구 (2007). 디지털 케이블 TV 수용자의 이용과 충족, 디지털 케이블 수용 여부에 대한 잠재적 변수의 영향에 관한 연구, 한국방송학보, 21(6), 156-196.
박종민 (2003). 휴대전화, 인터넷, 텔레비전의 미디어 속성 차이와 이용동기 요인 연구, 한국언론학보, 47(2), 221-249.
박채복 (2007). 독일의 이주자정책: 사회적 통합과 배제의 딜레마, 한독사회과학논총, 17(1), 293-318.
박태순 (2010). 미디어 융합 환경에서 문화 다양성의 의미 변화와 전망, 디지털 컨버전스 기반 미래연구 시리즈, 10-25.
박희봉 · 김명환 (2000). 우리나라의 지역사회의 사회자본 증진에 관한 연

구, 한국정치학보, 34(4),175-196.
배재권 · 정화민 (2008). 스마트폰의 기능적 속성이 채택 결정요인에 미치는 영향, e-비즈니스 연구, 9(4), 337-361.
배진한 (2006). 공적 공간에서의 이동전화 이용에 영향을 미치는 요인에 관한 연구, 언론과학연구, 6(3), 237-271.
법무부 (2007). 다문화사회 기반 구축을 위한 사회통합교육 프로그램 개발 연구, 수탁연구과제.
샤를르 드바쉬 · 장마리 퐁티에/김지은 · 김정곤 · 김미현 역 (2004). 프랑스 사회와 문화II, 서울대학교 출판부, (Charles Debbash & Jean-Marie Pontier, 2001, Lasociété française, Paris, Armand Colin).
서문기 · 오주현 (2011). 사회 네트워크 서비스가 사회 자본의 형성과 유지에 미친 효과에 관한 연구, 사회과학논총, 13, 111-138.
성동규 · 조윤경 (2002). 이동전화 이용자의 집단적 특징에 따른 이용 유형 연구, 한국언론학보, 46(6), 153-190.
심미선 (2007). 다매체 시대 미디어 레퍼토리 유형에 관한 연구. 한국방송학보, 21권 2호, 351-390.
심홍진 · 황유선 (2010). 마이크로블로깅 서비스와 사회자본: 트위터 초기 사용자 집단을 중심으로, 한국언론학보, 54(5), 327-347.
안동근 (1999). 인터넷 시대의 수용자: 능동성 개념을 뛰어넘어, 김정기 편, 매스미디어와 수용자, 서울: 커뮤니케이션북스, 305-326.
엄한진 (2007). 프랑스 이민통합 모델의 위기와 이민문제의 정치화: 2005년 '프랑스 도시외곽지역 소요사태'를 중심으로, 41(3), 253-286.
오경석 (2007). 한국에서의 다문화주의, 한울.
오욱환 (1989). 한국 교육학 도서에서의 문화실조이론에 관한 설명 형태, 교육학연구, 28(1). 105-120.
오정숙 (2007). 프랑스의 유럽, 유럽화된 프랑스: 프랑스와 유럽연합의 문화정책, 프랑스학연구, 41, 223-247
우형진 (2009). 신문기업의 뉴스 콘텐츠 디지털화 전략에 대한 문제점 인식 연구, 한국언론학보, 53(3), 58-82.

원숙연 (2008). 다문화주의시대 소수자 정책의 차별적 포섭과 배제, 한국행정학보, 42(3),29-49.

유네스코 아시아 · 태평양 국제이해교육원 엮음 (2008). 다문화사회의 이해－다문화교육의 현실과 전망, 동녘.

유석춘 · 장미혜 (2002). 사회자본과 한국사회, 사회발전연구, 8, 87-125.

유재원 (2000). 사회자본과 자발적 결사체, 한국정책학회보, 9(3), 23-43.

윤승욱 (2009). IPTV의 수용결정요인에 대한 연구, 언론과학연구, 9, 162-197.

윤인진 (2008). 한국적 다문화주의의 전개와 특성: 국가와 시민사회의 관계를 중심으로, 한국사회학, 42(2), 72-103.

이가야 (2009). 프랑스의 다문화사회: 동화에서 통합으로, 프랑스문화예술연구, 28, 262-264.

이동원 · 박준 · 강민형 · 채승병 · 최홍 (2009). 사회적 자본 확충을 위한 정책과제, CEO 인포메이션 제722호.

이동후 · 유지연 · 황주성 (2005). 휴대전화와 시공간 경험의 (재)구성: 초점 집단의 사례 연구를 중심으로. 한국방송학보, 19(2), 337-377.

이상길 · 안지현 (2007), 다문화주의와 미디어/문화연구, 한국언론학보, 51(5), 58-84.

이선주 (2009). 세계화와 아시아에서의 여성 이주에 고나한 연구, 한국여성 개발원. 2005 연구보고서5.

이수영 (2003). 이동전화 이용에 관한 연구: 음성통화와 문자서비스 간의 관계를 중심으로, 한국언론학보, 47(5), 87-114.

이용승 (2004). 호주의 다문화주의, 동아시아연구, 8, 177-205.

이은혜 (2012). 한국의 다문화주의 전개와 개선방향, 법과 정책, 18(2), 463-490.

이인희 (2001). 대학생 집단의 휴대폰 이용 동기에 관한 연구, 한국방송학보, 15(3), 261-293.

이준웅 · 김은미 · 문태준 (2005). 사회자본 형성의 커뮤니케이션 기초, 한국언론학보, 49(3), 234-385.

이철용 (2007). 독일의 '문화전쟁'과 이민자 문제, 한・독 사회과학논총, 17(1), 321-349

이한숙 (2006a). 이주노동자와 연대하는 전 일본 네트워크, 이주민과 함께 살아가기, 서울: 산지니,

이한숙 (2006b). 외국인노동자의 문제로부터 이민문제로, 이주와 인권연구소 편, 이민정책의 현재와 지방자치 단체의 모색, 도서출판 세화.

임영호・김은미 (2006). 사회 자본이 방송 경력 기자의 직장 이동에 끼치는 영향, 한국방송학보, 20(1), 360-403.

임형백 (2009). 한국과 서구의 다문화 사회의 차이와 정책 비교, 2(1), 161-185.

장미혜・김혜정・정승화・김효정 (2008). 다민족다문화 사회로의 이행을 위한 정책 패러다임 구축(II): 다문화역량 증진을 위한 정책・사회적 일반 현황과 발전 방향. 한국여성정책연구원 경제・인문사회연구회 협동연구총서, 08-17-01.

장의관 (2011). 다문화주의 한국적 수용, 국가전략, 17(2), 123-147.

정상우 (2008). 호주의 다문화주의 정책과 법. 외국법제연구, 85-94.

정의철 (2010). 다문화사회와 다문화교육: 참다운 다문화 미디어 교육 사례, Comparative Korean Studies, 19(1), 73-113.

조성동・강남준 (2009). 다매체 환경정착에 따른 수용자들의 매체이용 특성변화와 이용매체 구성변화, 한국언론학보, 53(1), 233~256.

조성호・박희숙 (2009). 여성 결혼 이민자들의 텔레비전 이용 동기와 만족: 대도시 거주 여성 결혼 이민자를 대상으로, 한국방송학보, 23(6), 243-283.

조희원 (2010). 한국의 다문화주의와 결혼이주여성, 유라시아연구, 7(3), 259-274.

차배근 (2002). 커뮤니케이션학 개론(上), 세영사.

최무현 (2008). 다문화시대의 소수자정책 수단에 관한 연구, 한국행정학보, 42(3), 51-77.

최민재 (2009). 소셜 미디어의 확산과 미디어 콘텐츠에 대한 수용자 인식

연구, 한국언론정보학회, 학술대회, 5-31.

최영 (2001). 커뮤니케이션 매체로서의 인터넷 이용동기와 사용에 관한 연구, 사이버커뮤니케이션학보, 8, 116-154.

최윤정 (2008). 대중매체 이용이 사회자본에 영향을 미치는 경로 분석, 한국언론학보, 52(3), 374-477.

최재웅 · 이정훈 · 김병초 (2005). 온라인 커뮤니티 이용 의도: 블로그 사용자를 중심으로, 한국경영정보학회 춘계학술대회.

최종렬 · 최인영 (2008). 국제결혼 이주여성에 대한 문화사회학적 접근: 방법론적 · 윤리적 논의를 중심으로. 문화와 사회, 4, 147-205.

최충옥 · 모경환 · 김연권 · 박성혁 (2009). 다문화교육의 이론과 실제, 양서원.

최항섭 (2008). 미디어 패러다임의 변화, 공론장, 그리고 사회적 자본, 정보와 사회, 14, 75-92.

최현실 (2007). 다문화가정 증가에 따른 한국 사회통합 정책 연구: 중국과 싱가포르의 상호성 원리의 한국 사회에 적용가능성. 한국민족문화, 35, 343-375.

한승준 (2008). 프랑스 동화주의 다문화정책의 위기와 재편에 관한 연구, 한국행정학보, 42(3), 463-486.

홍기원 (2009). 한국 다문화정책의 문제점과 개선 방향, 한국공공관리학보, 23(3), 159-189.

홍석기 (2008). 외국인 100만 시대를 위한 서울시의 다문화 사회 전략, SDI 정책 리포트, 13, 1-20.

홍영란 (2009). 사회지출이 경제성장에 미치는 효과에 관한 연구, 경제 · 인문사회연구회 협동연구총서.

황정미 (2007). 한국사회의 다민족·다문화 지향성에 대한 조사연구, 한국여성정책연구원.

Boyd, D., & Ellison, N. (2007). Social Network Sites: Definition, History, and Scholarship. Journal of Computer-mediated Communication, 13(1), 210-230.

Bourdieu, P. (1986). The Forms of Capital, in John G. Richardson(eds.), Handbook of Theory and Research for the Sociology of Education, pp.241-258, New York: Greenwood.

Bhattahcarya, R., Devinny, T. M. & Chervany, N. L. (1998). A Formal Model of Trust Based on Outcomes. Academy of Management Review, 23, 459-472.

Castles, S., & Davidson, A. (2000). Citizenship and Migration, London and New York: Routledge.

Castles, S., & Miller, M. J. (2003). The age of migration: International population movements in the modern world, New York: the Guilford Press.

Cohen, D. & Prusak, L. (2001). In Good Company: How Social Capital Makes Organizations Work, Boston, Massachusetts: Harvard Business School Press.

Coleman, J. (1988). Social Capital in the Creation of Human Capital. American Journal of Socialogy, 94, 94-121.

Conway, J. C.,& Rubin, A. M. (1991). Psychological predictors of television viewing motivation. Communication Research, 18, 443-463.

Clenfield, J. (2007). Japan Will Allow More Immigration, Official Says, http://www.bloomberg.com/apps/news?pid=newsarchive&sid=aX1lenbE0k8w.

Ellison, N., Steinfield, C., & Lampe, C. (2007). The benefits of Facebook "friends": Social capital and college students' use of online social network sites. Journal of Computer-Mediated Communication, 12, 1143−1168.

Eighmey, J. (1997). Profiling user responses to commercial websites. Journal of Advertising Research. 37(3), 59-66.

Ebersole, S. (2000). Uses and gratifications of the Web among students. Journal of Computer-Mediated Communication, 6, 1. Retrieved from http://www.ascusc.org/jcmc/vol6/issue1/ebersole.thml.

Eliis, S. (1996). Africa after the cold war: New patterns of government and politics. Development and Change, 27(1), 1-27.

Ferguson, D. & Perse, E. (2000). The World Wide Web as a functional alternative to television. Journal of Broadcasting & Electronic

Media, 44(2), 155-174.

Finn, S., & Gorr, M.B. (1988). Social Isolation and Social Support as Correlates of Television Viewing Motivations. Communication Research, 15(April), 135-158.

Fix, M., & Passel, J.S. (2002). The Scope and Impact of Welfare Reform's Immigrant Provisions. The Urban Institute.

Flaherty, L.M., Pearce, K.J., & Rubin, R.B. (1998). Internet and face-to-face communication: Not functional alternatives. Communication Quarterly, 46(3), 250-268.

Fiddler, R. (1997). Mediamorphosis: Understanding New Media, Thousand Oaks, C.A, Pine Forge Press.

French, H. (2003). Insular Japan Needs, but Resists, Immigration, The New York Times, 24 July 2003.

Fukuyama, F. (1999). The Great Disruption: Human Nature and the Reconstitution of Social Order. New York: Free Press.

Greenberg, B. (1974). Gratifications of television viewing and their correlates for British children. In: J.G. Blumler & E. Katz (Eds.), The uses of mass communication: Current perspectives on gratifications research (pp. 71-92). Beverly Hills, CA: Sage.

Garramone, G.M., and Anderson, R. (1986). Uses of political bulletin boards, Journal of Broadcasting & Electronic Media, (30), 325-339.

Hagel, J. III., & Singer, M. (1999). Net Worth, Harvard Business School Press, Boston, MA.

Hanifan, L. J. (1920). The Community Center, Boston: Silver Burdett.

Heeter, C. (1985). Program selection with abundance of choice: A process model. Human Communication Research, 12 (1), 126-152.

Hennig-Thurau T., Gwinner K.P., Walsh G., Gremler D.D. (2004). Electronic Word-of-Mouth via Consumer-Opinion Platforms: What Motivates Consumers to Articulate Themselves on the Internet? Journal of Interactive Marketing, 18(1), 38-52.

Herzog, H. (1942). Professor quiz: a gratification study. In Radio Research, 1941, eds. P. F. Lazarsfeld and F. N. Stanton. New York, Duell, Sloan and Pearce.

Howard, M. M., & Gilbert, L. (2008). A cross-national comparison of the internal effects of participation in voluntary organizations.

Political Studies, 56(1), 12-32.

James, M. L., Worting, C. E., & Forrest, E. J. (1995). An exploratory study of the perceived benefits of electronic bulletin board use and their impact on other communication activities. Journal of Broadcasting & Electronic Media, 39, 30-50.

Jeffres, L., Atkin, D., & Neurendorf, K. (1995). The impact of new and traditional mediaon college student leisure preferences. World Communication, 24, 67-73.

Kamvar, M., Kellar, M., Patel, R., & Xu, Y. (2009). Computers and iPhones and mobile phones, Paper presented at the International World Wide Web Conference, Madrid, Spain.

Katz, E., Gurevitch, M., & Haas, H. (1973). On the use of the mass media for important things. American Sociological Review, 38, 164-181.

Katz, E., Blumler, J. G., & Gurevitch, M. (1974). Users and gratification research, Public Opinion Quarterly, 37(4),509-523.

Keyes, L, C., Alex S., Avis C. V., & Bratt R.G. (1996). Networks and Nonprofits: Opportunities and challenges in an era of federal devolution. Housing Policy Debate, 7(2), 201-9.

Kline, N.S., Wren, J.C., Cooper, T.B., Varga, E., & Canal, O. (1974). Evaluation of lithium therapy in chronic and periodic alcoholism. American Journal of Medical Sciences, 268, 15-22.

Korgaonkar, P. K. & Wolin, L. D. (1999). A multivariate analysis of web usage, Journal of Advertising Research,38(2):53-68.

Kuehn, S.A. (1994). Computer-mediated communication in instructional settings: A research agenda, Communication Education, (43), 171-183.

LaRose, R., & Atkin, D. (1991). An analysis of pay-per-view versus other movie delivery modalities. Journal of Media Economics, 4, 3-17.

Lazarsfeld, P. F. (1941). Remarks on administrative and critical communications research. Studies in Philosophy and Science, 9, 3-16.

Leung, L. & Wei, R. (2000). More than just talk on the move: Uses and Gratifications of the Cellular Phone, Journalism and Mass Communication Quarterly, 77(2):308-320.

Lin, N. (1999). Building a network theory of social capital. Connections, 22(1), 28-51.

Ling, R. & Sunsoy, P. R.(2009). The iPhone and Mobile Access to the Internet(Draftversion). Paper presented at the "Mobile 2.0: Beyond Voice?, Pre-conference workshop at the International Communication Association, Chicago, Illinois.

Matthews, T., Pierce, J. & Tang, J. (2009). No smartphone is an island: The impact of places, situations, and other devices on smartphone use. IBM Technical Report #RJ10452.

Michael, S., & Guarnizo, L. (1998). Transnationalism from Below, Transaction Publishers.

Miller, W.R. (1996). Motivational interviewing: Research, practice, and puzzles. Addictive Behaviors, 21, 835-842.

Mutz, D., Roberts, D. F., & van Vuuren, D. P. (1993). Reconsidering the displacement hypothesis: Television's influence on children's time use. Communication Research, 20, 51-75.

Neuman, W. R. (1991). The future of the mass audience. Cambridge, UK: Cambridge University Press.

Newhagen, J. E., & Rafaeli, S. (1996). Why communication researchers should study the Internet: A dialogue. Journal of Communication, 46, 4-13.

Palmgreen, P., Wenner, L. A., & Rayburn II, J. D. (1980). Relations between gratifications sought and obtained: A study of television news, Communication Research, 7(2), 161-192.

Palmgreen, P., & Rayburn, J. D., II. (1985). A comparison of gratification models of media satisfaction. Communication Monographs, 52, 334-346.

Papacharissi, Z. & Rubin, A. M. (2000). Predictors of Internet Use, Journal of Broadcasting & Electronic Media, 44(2), 175-196.

Parker, B. J., and Plank, R. E. (2000). A uses and gratifications perspective on the Internet as a new information source. American Business Review, 18(2), 43-49.

Perse, E. M., & Courtright, J. A. (1993). Normative images of communication media: Mass and interpersonal channels in the new media environment. Human Communication Research, 19, 485-503.

Perse, E. M.,&Rubin, A. M. (1988). Audience activity and satisfaction with favorite television soap opera. Journalism Quarterly, 65, 368–375.

Powell, W. W. (1996). Trust-Based Forms of Governance, in R. M. Kramer and T. R. Tyler(eds.), Trust in Organization: Frontiers of Theory and Research, London: SAGE.

Putnam, R D. (1993). The prosperous community: Social capital and public life. The American Prospect, 13, 35-42.

Putnam, R D. (1995). Bowling alone: America's declining social capital. Journal of Democracy, 6, 65-78.

Putnam, R D. (1999). Civic Disengagement in Contemporary America. pp. 135-156 in Government and Opposition/Leonard Schapiro lecture. London School of Economics.

Putnam, R. D. (2001). Bowling Alone: The Collapse and Revival of American Community. Simon & Schuster.

Putnam, R., & Goss, K.A. (2002). Introduction. In R. Putnam (Ed.) Democracies in flux. The evolution of social capital in contemporary society (pp. 1-19). Oxford: Oxford University Press.

Ram, S., & Jung, H.S. (1990). The conceptualization and measurement of product usage. Journal of the Academy of Marketing Science, 18(1), 67–76.

Ridgeway, N.M., & Price, L.L. (1994). Exploration in product usage: A model of use innovativeness. Psychology and Marketing, 11(1), 69–84.

Rogers, E. M. (2003). Diffusion of Innovations(5th ed.). New York: Free Press

Rosengren, K. E. & Windahl, S. (1972). Mass media consumption as a functional altemative. In D. McQuail (Eds.), Sociology of mass communications: Selected readings. Harmondsworth, Middlesex, England: Penguin Books Ltd.

Rubin, A. M. (1983). Television Uses and Gratifications: The Interactions of Viewing Patterns and Motivations. Journal of Broadcasting, 27(Winter):37-51.

Rubin, A. M., & Bantz, C. R. (1987). Utility of videocassette recorders. American Behavioral Scientist, 30, 471-485.

Rubin, A. M.,& Windahl, S. (1986). The uses and dependency model of mass communication. Critical Studies in Mass Communication, 3, 184-199.

Ruggiero, T. E. (2000). Uses and gratifications theory in the 21st century. Mass Communication & Society, 3, 3-37.

Schramm, W., Lyle, J., & Parker, E. (1961). Television in the lives of our children. Stanford, CA: Stanford University Press.

Shih, C. F., & Venkatesh, A. (2004). Beyond adoption: development and application of a use-diffusion model, Journal of Marketing, 68, 59-72.

Song, I., Larose, R., Eastin, M. S., & Lin, C. A. (2004). Internet Gratifications and Internet Addiction: On the Uses and Abuses of New Media. CyberPsychology and Behavior, 7(4),384-394.

Steinfield, C. Ellison, N., & Lampe, C (2008). Social capital, self-esteem, and use of online social network sites: a longitudinal analysis. Journal of Applied Developmental Psychology, 29, 434-445.

Suchman, E.A. (1941). Invitation to Music. A Study of the Creation of New Music Listeners by the Radio. In Lazarsfeld, P.F. and F.N. Stanton (Eds.), Radio Research 1941. New York, Duel, Sloan and Pearce, 140-188.

Schramm, W., Lyle, J., & Parker, E.B. (1961). Television in the lives of our children. Stanford: Stanford University Press.

Tsao, J. C., & Sibley, S. D. (2004). Readership of Free Community Papers as a Source of Advertising Information: A Uses and Gratifications Perspective. Journalism and Mass Communication Quarterly, 81(4), 766-787.

Wang, Y. and D. R. Fesenmaier. (2004). Modeling participation in an online travel community. Journal of Travel Research, 42 (3), pp. 261-270.

Weiss, W. (1971). Mass communication. Annual Review of Psychology, 22, 309-336.

Wellman, B., Salaff, J., Dimitrova, D., Garton, L., Gulia, M., & Haythornthwaite, C. (1996). Computer networks as social networks: Virtual community, computer-supported cooperative work and telework. Annual Review of Sociology, 22, 213-238.

Williams, F., Strover, S., & Grant, A. E. (1994). Social aspects of new media technologies. In Bryant, J. and Zillmann, D. (Eds.), Media effects: Advances in theory and research (pp. 463-482). Erlbaum, Hillsdale, NJ.

저자 소개

진창현(陳昌鉉) 추계예술대학교 문예창작학과 (문학사)
한국외국어대학교 대학원 광고홍보학과 (광고학 석사)
SUNY at Buffalo 대학원 커뮤니케이션학과 수료
미국 텍사스 대학교 광고 전공 (광고학 석사)
미국 플로리다 대학교 광고 전공 (광고학 박사)
현재 경기대학교 경영학과 교수

아산재단 연구총서 제386집
다문화가정의 미디어 이용과 사회적 자본의 관계
결혼 이주자를 중심으로 값 10,500원

2015년 8월 10일 1판 1쇄

저 자 진 창 현
발 행 인 임 동 규
발 행 처 **집 문 당**
등 록 1971. 3. 23. 제300-2012-69호
영 업 부 413-120 경기도 파주시 광인사길 85
(02)743-3192~3 팩스(02)742-4657
전자우편 sale@jipmoon.co.kr
편 집 부 110-360 서울특별시 종로구 돈화문로 82
(02)743-3096~7 팩스(02)743-0227
전자우편 edit@jipmoon.co.kr
홈페이지 www.jipmoon.co.kr

ISBN 978-89-303-1687-3
978-89-303-1500-5(세트)

이 도서의 국립중앙도서관 출판예정도서목록(CIP)은 서지정보유통지원시스템 홈페이지(http://seoji.nl.go.kr)와 국가자료공동목록시스템(http://www.nl.go.kr/kolisnet)에서 이용하실 수 있습니다.(CIP제어번호: CIP2015018479)

아 | 산 | 재 | 단 | 연 | 구 | 총 | 서

1 전환기의 중국경제
김윤환 외 | 단국대 경제학과

2 폴란드 경제의 변천 개혁과 그 전망
김광수 | 숭실대 경제학과

3 재소한인
이광규 외 | 서울대 인류학과

4 소련산림과 임업
홍성천 외 | 경북대 임학과

5 아세안의 정치경제
김국진 외 | 외교안보연구원

6 태국의 사회변동과 경제발전
최석만 외 | 전남대 사회학과

7 중국의 사회경제 통계분석
신한풍 외 | 고려대 통계학과

8 중국의 정치와 경제
박두복 외 | 외교안보연구원

9 동유럽의 개혁과 시장경제의 도입
허만 외 | 부산대 사범대학

10 동유럽의 개혁운동
박영신 | 연세대 사회학과

11 현대 러시아 연구
기연수 외 | 한국외대 노어과

12 전략적 선택과 기업의 국제경쟁력
이장호 | 서강대 경영대학

13 협동사회의 정착과 정부의 역할
이종범 외 | 고려대 행정학과

14 한국 제조기업 생산성의 동적 분석
노부호 외 | 중앙대 경영대학

15 분배의 정의
변형윤 외 | 서울대 경제학과

16 도덕적 행동의 강화
이훈구 외 | 연세대 심리학과

17 관료부패와 통제
김해동 외 | 서울대 행정대학원

18 한국경제의 내실 있는 성장
정창영 외 | 연세대 경제학과

19 한국국민정신운동의 역사와 발전방향
박수명 외 | 부산대 사범대학

20 한국대학생의 가치성향과 상담효과
이영희 외 | 숙명여대 교육학과

21 가출청소년과 학교관리체제
안창규 외 | 부산대 교육학과

22 동북아 정세변화와 한 · 일관계
한승조 외 | 고려대 정치외교학과

23 언론과 부정부패
정대철 외 | 한양대 신문방송학과

24 한국의 고등학교 교육
이원호 외 | 부산대 교육학과

25 가족과 방송
김학수 외 | 서강대 신문방송학과

26 재정개혁의 전망과 재산세제의 개편 과제
오연천 | 서울대 행정대학원

27 청소년을 위한 전자게임 프로그램의 규제 및 평가체계 개발
박혜원 외 | 울산대 가정관리학과

28 정신장애자 가족의 사회심리적 특성
이근후 외 | 이화여대 의과대학

29 가족의 관계역동성과 문제인식
이광규 외 | 서울대 인류학과

30 현대인과 한국전통음식
승정자 | 숙명여대 식품영양학과

31 기업의 초고속정보통신망활용
안중호 | 서울대 경영학과

32 지역발전을 위한 교육자치제의 개선방안
김남순 | 조선대 사범대학

33 전환기의 공무원 가치관
조경호 | 울산대 행정학과

34 지방자치와 사회복지의 과제
김영모 | 중앙대 사회복지학과

35 WTO체제하의 지방중소기업 지원정책
최명주 외 | 계명대 통상학부

36 현대한국의 시민운동
이효선 | 중앙대 사회학과

37 기업 세계화의 단계 및 정도의 측정
허영도 외 | 울산대 경영학과

38 가족복지를 위한 가족주치의 시범사업의 효과
이혜리 외 | 연세대 가정의학교실

39 한국대학생의 삶의 만족도
김재은 외 | 이화여대 교육심리학과

40 지역경제와 지역산업구조의 개편방향
정기화 외 | 전남대 경제학부

41 중국기업의 소유형태별 경영특성
노철화 외 | 부산대 무역학과

42 남북한의 인성 · 사상교육
한승조 외 | 고려대 정치외교학과

43 연계적 뇌기능 조언을 위한 의료용 멀티미디어 시스템의 설계
유선국 | 연세대 의용공학교실

44 다민족국가의 민족문제와 한인사회
최협 외 | 전남대 인류학과

45 저소득층지역 청소년 여가문화와 소집단 활성화
박문수 외 | 서강대 사회학과

46 삶의 질의 국제비교와 지역간 비교분석
이재기 외 | 울산대 경제학과

47 21세기 지역주민의 삶의 질
양종회 외 | 성균관대 사회학과

48 삶의 질에 대한 국가간 비교
조명한 외 | 서울대 심리학과

49 외국인 노동자의 노사관계와 사회적 적응
석현호 외 | 성균관대 사회학과

50 한국의 사법제도와 발전 모델
정종섭 | 건국대 법학과

51 고령화사회와 중상층 노인의 사회활동
조성남 외 | 이화여대 사회학과

52 한국의 서비스 시장 개방정책
한홍렬 | 한양대 경제학부

53 한국과 AFTA간의 교역증진 및 경제 협력방안
손일태 외 | 경희대 경제통상학부항

54 물류비 절감을 위한 무역업체의 정보화전략
이영수 외 | 경북대 경제통상학부

55 사회주의 체제전환과 사회정책
오정수 외 | 충남대 사회복지학과

56 남북통일 이후 농업생산체계 개편
홍성규 외 | 건국대 농업경제학과

57 국제화와 세계화
하영선 외 | 서울대 외교학과

58 IMF 개혁정책의 평가와 한국경제의 신(新) 패러다임
조동근 | 명지대 경제학과

59 구조개혁과 실업대책
박동운 | 단국대 경제무역학부

60 21세기 신노사관계
심윤종 외 | 성균관대 사회학과

61 학교에서의 집단 따돌림
이춘재 외 | 가톨릭대 심리학과

62 한국노인의 정신건강실태와 건강증진
조맹제 외 | 서울대 의과대학

63 혁명과 개혁 속의 중국 농민
김광억 | 서울대 인류학과

64 중국의 경제환경과 한국기업의 진출 전략
지용희 외 | 서강대 경영학과

65 김대중 대통령의 시스템 사고
김동환 | 중앙대 공공정책학부

66 실업과 가족해체
최일섭 외 | 서울대 사회복지학과

67 합리적 부채비율 조정방안
오상근 | 동아대 경제학과

68 한국 중산층의 생활문화
문숙재 외 | 이화여대 소비자·인간발달학과

69 계층간 갈등상태에서 최적소득세
김진욱 | 건국대 경상학부

70 글로벌 경쟁력 제고를 위한 기업전략과 조직구축
이만우 외 | 고려대 경영학과

71 의료보험과 국민연금의 관리효율화를 위한 통합방안
사공진 외 | 한양대 경제학부

72 정부개혁의 과제와 전략
박우서 외 | 연세대 행정학과

73 책임운영기관 제도에 관한 비교분석
김근세 | 가톨릭대 행정학과

74 새로운 패러다임하에서의 한국기업의 바람직한 지배구조
최운열 외 | 서강대 경영학과

75 현대 한국사회의 계층구조
양춘 외 | 고려대 사회학과

76 한국의 산업정책과 산업구조조정
강인수 | 숙명여대 경제학부

77 기업구조조정
김석진 | 경북대 경영학부

78 지식경영을 위한 인적자원 개발 및 관리체계
장영철 | 경희대 경영학부

79 뉴 비즈니스 모델
전성현 | 국민대 정보관리학부

80 중산층의 정체성과 소비문화
함인희 외 | 이화여대 사회학과

81 외국관광객 유치를 위한 마케팅 전략
박상규 | 강원대 경영학과

82 한국인의 세대별 문학의식
이동순 | 영남대 국문과

83 공공부문의 효율성 평가와 측정
김재홍 외 | 울산대 사회과학부

84 한국 청소년의 정치의식과 형성요인
김광웅 외 | 숙명여대 아동복지학과

85 한국 대학생의 정치의식
배한동 | 경북대 윤리교육과

86 산업의 정보화와 산업발전
이기동 | 계명대 통상학부

87 한국 제조업의 고용조정 분석
이종원 외 | 성균관대 경제학부

88 지식자산에 대한 경영전략적 평가모형 개발
배재학 외 | 울산대 컴퓨터·정보통신공학부

89 관광사업을 위한 한국적 이미지의 휴식복 개발
채금석 | 숙명여대 의류학과

90 한국 정치제도의 개혁
신정현 | 경희대 사회과학부

91 e비즈니스와 아웃소싱 전략
정승화 외 | 연세대 경영학과

92 집단 따돌림의 진단 및 치료방안
홍준표 | 중앙대 인간생활환경학과

93 16대 총선과 낙선운동
조기숙 | 이화여대 국제대학원

94 부동층 유권자 행태 분석
진영재 | 연세대 정치외교학과

95 사이버 공동체의 성공요인
이재관 | 숭실대 경영학부

96 온라인 소비자 행동의 이론과 실증
윤성준 | 경기대 경영학부

97 글로벌 시대 정약용 세계관의 가능성과 한계
차성환 | 한일장신대 역사사회학과

98 러시아의 체제전환 과정에서 나타난 국가의 역할과 그 전망
이상민 외 | 부산대 정치외교학과

99 남북한의 경제발전 수준과 산업구조 비교, 그리고 경제교류 협력방향
주성환 | 건국대 경제학과

100 집단따돌림과 교육해체
한준상 | 연세대 교육학과

101 공적연금제도의 효율성과 개선방안
유금록 | 군산대 행정복지학부

102 벤처기업-대기업의 성공적인 협력 모델
나중덕 | 경산대 경영학과

103 북한의 재외동포정책
조정남 외 | 고려대 정치외교학과

104 사이버 공동체 형성의 역동적 모형
장용호 | 서강대 신문방송학과

105 기업이론과 기업의 소유지배구조
김일태 외 | 전남대 경제학부

106 가축분뇨 자원화를 위한 공동이용조직에 대한 농가선호도 분석
유덕기 | 동국대 생명자원경제학과

107 개혁정책과 전문가 집단
이경원 외 | 제주대 행정학과

108 현대 한국사회의 이중가치체계
신수진 외 | 이화여대 가정관리학과

109 한국의 산업구조 변화와 기업집단 다각화 전략
김용학 외 | 연세대 사회학과

110 지식정보사회의 경제적 모형 설정 및 사례 연구
김범환 | 배제대 경영정보학부

111 변호사징계제도
오종근 | 한림대 법학부

112 인터넷 특허법
김순석 | 광주대 법학과

113 e-비즈니스 시대의 금융 및 재정정책의 새로운 패러다임
이종욱 | 서울여대 경제학과

114 청소년의 하위문화와 정체성
조성남 | 이화여대 사회학과

115 디지털금융시대의 금융구조변화와 정부규제 및 정책
이충열 | 고려대 경제학부

116 지식경영을 위한 기업의 조직설계방안
김경수 외 | 전남대 경영학과

117 전자금융의 발달과 경제정책의 새로운 패러다임
이명훈 | 명지대 경제학과

118 동아시아의 안보와 유엔체제
강성학 편저 | 고려대 정치외교학과

119 유료 치매노인 그룹홈의 개발과 관련 정책
최정신 외 | 가톨릭대 소비자·주거학과

120 소비자 지향적 문화산업 정책
홍영준 | 호남대 광고홍보학과

121 국제·국가·지방 환경규제의 연계
정준금 외 | 울산대 행정학과

122 현행 회사 합병·분할제도의 평가와 개선방안
옥무석 외 | 이화여대 법학과

123 배려지향적 도덕성과 정의지향적 도덕성
정옥분 외 | 고려대 사범대학

124 기업구조조정에 대한 채권금융기관 및 금융감독기관의 역할과 책임
이중기 | 한림대 법학과

125 실업대책으로서 한국의 법정기준근로시간 단축
박영범 | 한성대 경제학과

126 프랑스어의 비분리성 소유개념 표현
노윤채 | 연세대 언어정보연구원

127 지방채의 효율적 관리방안
강태구 | 호원대 법행정학부

128 21세기 산업구조 변화와 과학기술정책
임채성 외 | 그리스도신학대 경영정보학부

129 인터넷 쇼핑몰 이용자의 불평행동
예종석 | 한양대 경영학부

130 한국기업의 성과급제도 현황, 효과 및 개선방안
김성수 | 서울대 경영학과

131 전자상거래와 소비자보호
서민교 외 | 경일대 인터넷국제통상학과

132 평생학습 사회에서의 인적자원개발을 위한 사회적 파트너십 구축
김영화 | 홍익대 교육학과

133 한국 공교육의 새로운 구상과 전략
권대봉 외 | 고려대 교육학과

134 한국의 정부개혁
김태룡 | 상지대 행정학과

135 지방정부 생산성 측정의 이론과 실제
이은국 외 | 연세대 행정학과

136 불가 시문학론
배규범 | 경희대 학술연구 교수

137 남북경제교류의 법적 문제
제성호 | 중앙대 법학과

138 경제위기와 청소년 발달
구인회 | 서울대 사회복지학과

139 생명과학기술의 응용과 기본권보호적 한계
정상기 외 | 한남대 법학과

140 경제발전과 정치환경의 한·일 비교분석
정갑영 외 | 연세대 동서문제연구원

141 한국 공교육의 진단
윤정일 외 | 서울대 교육학과

142 우리나라 지방자치 발전을 위한 자치단체장의 역할
정성호 외 | 경기대 사회과학부

143 의료보험제도의 개혁방안
권순원 | 덕성여대 경제학과

144 중등 도덕교육의 현실과 문제
손동현 외 | 성균관대 철학과

145 사이버공동체 발전론
이명식 | 상명대 경영학과

146 남북경협 확대에 대비한 북한 담보제도의 정비방안
박훤일 | 경희대 법과대학

147 한국 공무원 인사제도 개혁
김판석 | 연세대 행정학과

148 교사화법 교육
임칠성 외 | 전남대 국어교육과

149 세계화의 문화정치학
임혁백 외 | 고려대 정치외교학과

150 효과적인 e-SCM을 위한 의사결정 조정 시스템 모형
이원준 | 성균관대 경영학부

151 환경거버넌스
김종순 외 | 건국대 행정학과

152 자동차산업의 인적자원관리
이덕로 | 서원대 경영학부

153 한국과 영국 간 지식기반산업 비교
이명호 | 한국외대 경영학과

154 한국 벤처기업의 기술네트워킹 및 기술마케팅 전략
장영일 | 인제대 경영학부

155 회사변호사의 윤리
오승종 | 성균관대 법과대학

156 미디어교육론
이정춘 | 중앙대 신문방송학과

157 조선시대 서원과 양반
윤희면 | 전남대 역사교육과

158 환경문제와 철학
박찬국 | 서울대 철학과

159 노인보건복지 이론과 실제
김명 외 | 이화여대 보건교육학과

160 북한의 법체계
권재열 외 | 숭실대 법학과

161 생명공학기술의 안전성 확보에 관한 법적 고찰
이재협 | 경희대 법학부

162 청소년복지학
김성이 외 | 이화여대 사회복지학과

163 변화하는 세계, 변화하는 복지국가
조영훈 | 동의대 사회복지학과

164 의리의 윤리와 한국의 유교문화
김낙진 | 진주교대 도덕교육과

165 미국의 통상정책과 통상법
윤충원 | 전북대 무역학과

166 사회복지 프로그램 평가
김학주 | 경상대 사회복지학과

167 환경주의와 지속가능한 발전
정대연 | 제주대 사회학과

168 무역과 환경
김기흥 외 | 경기대 경제학부

169 산업계 유해폐기물의 위험과 관리
김금수 | 호서대 경상학부

170 백범 김구의 지적 계발과정 탐색
문용린 | 서울대 교육학과

171 태평양전쟁 발발 이후 일제의 인적 지배와 그리스도교계의 대응
윤선자 | 전남대 사학과

172 거버넌스 상황에서 갈등관리를 위한 대체적 분쟁해결제도
서순복 | 광주대 법정학부

173 시장경제의 유형과 민주주의
최배근 | 건국대 경상학부

174 일본고전소설 총론
김현정 | 국립한국전통문화학교

175 국어 교육을 위한 국어 문법론
이관규 | 홍익대 국어교육과

176 율곡의 군주론
전세영 | 부산교대 윤리교육과

177 동북아시아 환경협력
정서용 | 명지대 법학과

178 기후변화협약과 기후정책
신의순 외 | 연세대 경제학과

179 인터넷과 국제 학술정보 네트워크-하이퍼링크 분석
박한우 | 영남대 언론정보학과

180 국내 기업복지의 활성화 방안
최수찬 | 연세대 사회복지대학원

181 세계화와 인간안보
김우상 외 | 연세대 정치외교학과

182 세계문화유산 종묘 이야기
지두환 | 국민대 국사학과

183 한국 평생교육의 사회철학적 과제
곽삼근 | 이화여대 교육학과

184 강점모델
정순둘 | 이화여대 사회복지학과

185 글로벌시대의 계약법
박영복 | 한국외대 법과대학

186 배심제와 시민의 사법참여
안경환 | 서울대 법학과

187 동북아공동체
김재한 | 한림대 정치외교학과

188 정치 참여와 탈물질주의
김욱 | 배재대 정치외교학과

189 퍼지전문가회로망을 이용한 금융기관의 사이버 기업여신결정 지원시스템의 개발
권혁대 | 목원대 경영학과

190 환경정책과 환경법
송인성 | 전남대 지역개발학과

191 포스트모던 시대의 평생교육학
한숭희 | 서울대 교육학과

192 현대 한국인의 세대경험과 문화
박길성 외 | 고려대 사회학과

193 서구의 근로연계복지
김종일 | 건국대 사회복지학과

194 사회복지운동론
현외성 | 경남대 사회복지학과

195 외국의 역모기지 사례
유선종 | 건국대 부동산학과

196 옛이야기와 어린이문학
이지호 | 진주교대 국어교육학과

197 노인사회복지관광의 정책과제와 방안
김창수 | 경기대 관광학부

198 복지서비스의 민간위탁 시스템 분석
김순양 | 영남대 행정학부

199 새로운 빈곤층의 대두와 정부의 정책과제
김진욱 | 건국대 경제학과

200 문화행정론
김정수 | 한양대 행정학과

201 스칸디나비아 노인용 코하우징의 계획과 적용
최정신 외 | 가톨릭대 생활과학부

202 북한의 자연생태계
공우석 | 경희대 지리학과

203 통계로 이해하는 러시아
전홍찬 | 부산대 정치외교학과

204 사회복지법인의 경영과 회계
이동규 | 충남대 회계학과

205 의약분업 정책과정
차흥봉 | 한림대 사회복지학과

206 지역공동체와 평생교육
오혁진 | 동의대 평생교육학부

207 아동보호서비스의 실제
한미현 | 백석대 사회복지학부

208 그린마케팅
박재기 | 충남대 경영학부

209 아동권리와 아동복지
이혜원 | 성공회대 사회복지학과

210 국제 이주와 인도인 디아스포라
김경학 | 전남대 인류학과

211 질병과 의료의 사회학
조병희 | 서울대 보건대학원

212 북한이탈주민의 사회통합을 위한 지역복지실천의 모색
이기영 | 부산대 사회복지학과

213 치매노인케어론
조유향 | 초당대 간호학과

214 노인상담입문
서혜경 외 | 한림대 대학원 사회복지학과

215 '통일 이후 통일과정'으로서의 독일 통일영화
이준서 | 이화여대 독어독문학과

216 중국의 사회보장
오정수 | 충남대 사회복지학과

217 환경자원의 경제적 가치와 환경오염의 사회적 비용
김재홍 | 울산대 사회과학부

218 사회복지프로그램의 경제적 평가방법
박창제 외 | 상주대 사회복지학과

219 자유의지와 결정론
안건훈 | 강원대 철학과

220 심리학자들이 쓴 행복한 결혼의 심리학
채규만 외 | 성신여대 심리학과

221 현대 해석학 강의
양해림 | 충남대 철학과

222 한국인의 주거 빈곤과 공공주택
하성규 | 중앙대 도시 및 지역계획학과

223 IMF 경제위기와 한국 출산력의 변화
김두섭 | 한양대 사회학과

224 동아시아의 영토분쟁과 국제법
이석우 | 인하대 법학부

225 독일 복지국가와 사회복지서비스
정재훈 | 서울여대 사회사업학과

226 사회복지사를 위한 실용 비모수통계
엄명용 | 성균관대 사회복지학과

227 피해자학 연구
이윤호 | 동국대 경찰행정학과

228 광고언어창작론
박영준 외 | 부경대 국어국문학과

229 환경규제 패러다임의 전환
한철 | 한남대 법학과

230 고령사회의 노동환경변화와 고용시스템의 문제점 및 법적 대응
고준기 | 국립군산대 법학과

231 세계화와 소득불평등
이성균 외 | 울산대 사회과학부

232 유비쿼터스 사회의 이해
안중호 외 | 서울대 경영학과

233 국제환경책임법론
박병도 | 건국대 법학과

234 한국의 선거와 민주주의
윤종빈 | 명지대 정치외교학과

235 한국 시민운동의 구조와 동학
조대엽 외 | 고려대 사회학과

236 또래관계
송영혜 | 대구대 재활심리학과

237 해외 한국기업과 현지인 노동자
석현호 외 | 에스코이이학술문화재단

238 독일 국가복지에서 민간복지단체의 역할과 의미
차성환 외 | 한일장신대 사회복지학부

239 청정공학
조정호 | 동양대 생명화학공학과

240 한국전통연희론
심상교 | 부산교육대 국어교육학과

241 정신장애와 가족
서미경 | 경상대 사회복지학부

242 빈곤통계의 작성과 활용
김주환 | 동국대 정보통계학과

243 인터넷과 한국정치
강원택 | 숭실대 정치외교학과

244 북한의 시장경제이행
정영화 외 | 서경대 법학과

245 시스템사고로 본 지속가능한 도시
문태훈 | 중앙대 도시및지역계획학과

246 실버산업과 유비쿼터스 컴퓨팅
고일상 | 전남대 경영학부

247 재활상담과 사례관리
나운환 | 대구대 직업재활학과

248 영유아교육기관에서의 장애 이해 교육
유수옥 | 우석대 유아특수교육과

249 장애의 사회적 의미와 사회통합
박수경 | 대진대 사회복지학과

250 경제분석의 수리적 기초
조인성 | 공주대 경제통상학부

251 비영리부문의 비교연구
김승현 | 서울산업대 행정학과

252 고등교육경제학
반상진 | 전북대 교육학과

253 과학윤리교육의 이론과 방법
조희형 | 강원대 과학교육학부

254 결혼이민자가족의 이해
김오남 | 대불대 사회복지학과

255 동아시아 국가의 공공부조
신동면 | 경희대 사회과학부

256 특수아동 진단 및 평가
이나미 | 대불대 특수교육과

257 계약형 사회복지와 권리옹호시스템
이명현 | 경북대 상주캠퍼스 사회복지학과

258 실내공기질 및 위해성 관리
양원호 | 대구가톨릭대 산업보건학과

259 충남 방언 문법
한영목 | 충남대 국어국문학과

260 교육권론
노기호 | 군산대 법학과

261 도시경관계획론
임승빈 | 서울대 조경 · 지역시스템공학부

262 교통의 새로운 패러다임
김형철 | 경원대 도시계획 · 조경학부

263 노인의 삶의 질 향상을 위한 주거환경 디자인
천진희 | 상명대 디자인대학 실내디자인전공

264 사회복지와 문화
박병현 | 부산대 사회복지학과

265 장애인복지의 이론과 실제
이선우 | 인제대 사회복지학과

266 창의성 개발을 위한 디자인교육 콘텐츠
김선영 | 인천가톨릭대 조형예술대학 환경디자인학과

267 구성주의 사회복지 실천 기술론
고미영 | 서울신학대 사회복지학과

268 장애아교육학
김기흥 | 부산교육대 유아교육과

269 지역사회복지와 자원부문
한상진 외 | 울산대 사회학과

270 환경관리회계
육근효 | 부산외국어대 회계학부

271 인권 관점에서 보는 장애인복지
유동철 | 동의대 사회복지학과

272 정신증상
송지영 | 경희대 의과대학병원 신경정신과

273 사이버공간의 사회심리학
이성식 외 | 숭실대 정보사회학과

274 노인에 대한 사회적 돌봄과 돌봄 서비스의 질 보장
최희경 | 신라대 가족노인복지학과

275 아동 심리치료의 실제
신현균 | 전남대 심리학과

276 사회복지와 위험관리
노충래 | 이화여대 사회복지전문대학원

277 국제 탄소시장의 이해
양승룡 | 고려대 식품자원경제학과

278 타자의 초상
신문수 | 서울대 영어교육과

279 한국정치와 환경정치
나정원 | 강원대 정치외교학과

280 북한이주민
윤인진 | 고려대 사회학과

281 음주의 사회경제적 비용
정우진 외 | 연세대 보건대학원

282 지방정치와 동북아 도시거버넌스
박재욱 | 신라대 행정학과

283 노숙인 복지론
남기철 | 동덕여대 사회복지학과

284 유럽통합과정과 지역협력
이규영 | 서강대 국제대학원

285 사회복지재정 연구
지은구 | 계명대 사회과학대학 사회복지학과

286 지역사회 교육개혁을 위한 시민사회 조직의 참여
김영화 | 홍익대 교육학과

287 복지사회를 대비한 국민연금의 구조개혁
박영석 외 | 서강대 경영학부

288 한미 FTA 지재권 협상에 따른 의약품 분야 사회후생 변화
오근엽 | 충남대 무역학과

289 산업입지, 환경 그리고 지역경제
이기동 외 | 계명대 국제통상학과

290 감성지능 개발을 통한 삶의 질 향상
김경수 외 | 전남대 경영학부

291 교육복지론
이용교 외 | 광주대 사회복지학부

292 인간과 행복에 대한 철학적 성찰
박찬국 | 서울대 철학과

293 유럽연합의 사회통합 사례와 교훈
이무성 | 명지대 정치외교학과

294 민영화와 사회후생
이상호 | 전남대 경제학부

295 북한의 교육학 체계 연구
최영표 외 | 동신대 교육대학원

296 한국 지속가능발전의 구조와 변동
정대연 | 제주대 사회학과

297 우리나라의 공익 연계 마케팅에 관한 연구
임승희 | 전주대 경영학부

298 시각장애인복지론
김영일 | 조선대 특수교육과

299 그린에너지와 환경촉매
정석진 | 경희대 화학공학과

300 취약학교 초등학생을 위한 온라인 보건 교육 프로그램
박경옥 | 이화여대 보건관리학과

301 신탁제도를 통한 고령자의 보호와 지원
최수정 | 서강대 법학전문대학원

302 사회적 약자계층에 대한 실태분석 및 정책방안
이은우 외 | 울산대 경제학과

303 한류 문화와 동북아 공동체
최혜실 | 경희대 국어국문학과

304 노동유연화와 해고보호법
권혁 | 부산대 법학전문대학원

305 사회복지 위험관리의 이해
박미은 | 한남대 사회복지학과

306 의료기관의 회계와 세무
노준화 | 충남대 경영학부

307 여성인적자원의 전문성 확보를 위한 경력개발
백지연 | 이화여대 국제사무학과

308 정신병리
강선경 | 서강대 신학대학원

309 바다의 반란 적조
윤양호 | 전남대 해양기술학부

310 한국 장애인 복지 발달사
이성규 | 서울시립대 사회복지학과

311 서양예술 속의 동양 탐색
진상범 | 전북대 독어독문학과

312 한국인의 도덕성 발달 진단
문용린 | 서울대 교육학과

313 영국정치와 국가복지
고세훈 | 고려대 공공행정학부

314 인간학적 사유를 여는 중도 · 중복장애 교육학
이숙정 | 단국대 특수교육과

315 개별화 교육과정
이소현 | 이화여대 특수교육과

316 인간의 긍정적 성품
권석만 | 서울대 심리학과

317 지방자치와 지역여성의 전망
이혜숙 | 경상대 사회학과

318 한국 현대 노년소설 연구
전흥남 | 한려대 교양학부

319 정보격차 해소를 위한 창의적 정보교육 프로그램
이영준 외 | 한국교원대 컴퓨터교육과

320 한국 가족과 젠더
손승영 | 동덕여대 교양학부

321 한국의 복지혼합
김진욱 | 서강대 신학대학원

322 사회자본과 자원봉사
김태룡 외 | 상지대 행정학과

323 농촌교육복지연구
박삼철 | 단국대 교양학부

324 사회정체성 평가 차원에 대한 국제 비교조사
이명진 | 고려대 사회학과

325 캐나다 복지국가 연구
조영훈 | 동의대 사회복지학과

326 한국의 소수자운동과 인권정책
전영평 외 | 서울대 행정대학원

327 한국과 미국의 보육서비스 전달체계와 품질 비교분석
김근세 외 | 성균관대 국정관리대학원

328 한국사회의 소득불평등과 국민 의료이용
이용재 | 호서대 사회복지학과

329 정보시대의 인간안보
조화순 | 연세대 정치외교학과

330 가족의 사회경제적 특성과 아동발달
김광혁 | 전주대 사회복지학과

331 초 · 중 · 고등학생의 학업소진 진행과정 및 경로분석
이상민 | 고려대 교육학과

332 다문화사회의 사법통역
이지은 | 이화여대 통역번역대학원

333 동아시아 지역주의
유현석 | 경희대 정치외교학과

334 환경친화적 공공시설관리와 지역공동체의 삶의 질
이소영 | 중앙대 실내디자인 · 주거환경학과

335 의료보험의 법정책
김나경 | 성신여대 법과대학

336 양극화 시대 가족해체와 청소년의 적응에 관한 한국과 미국의 비교 연구
오승환 외 | 울산대 사회복지학과

337 기업의 사회적 책임과 지역경제사회발전 연구
허영도 외 | 울산대 경영학부

338 노인의 삶의 질 향상을 위한 온라인 소셜 네트워크 구축 방안
김진우 | 연세대 경영학과

339 청소년 생활역량
윤명희 외 | 동의대 평생교육학과

340 외국인 배우자의 다양성과 국제결혼의 안정성
김두섭 | 한양대 사회학과

341 정보인권의 규범구체화
이민영 | 가톨릭대 법학과

342 한국 사회복지실천의 고유성
최성재 외 | 서울대 사회복지학과

343 스웨덴의 환경책임 실천모형
최희경 | 경북대 행정학부

344 자율운동과 주거공동체
윤수종 | 전남대 사회학과

345 한국인의 공공봉사동기
김상묵 | 서울과학기술대 행정학과

346 한국 이혼가정 아동의 성장
김혜숙 | 경인교육대 교육학과

347 동양 사상과 노인 복지
홍승표 외 | 계명대 사회학과

348 노동과 사회보장의 연계
오문완 | 울산대 법학과

349 학습장애 위험군 아동의 조기선별을 위한 읽기검사 표준화 연구
김애화 외 | 단국대 특수교육학과

350 신·재생에너지에 기초한 녹색성장과 사회통합
김인호 | 이화여대 법학전문대학원

351 문화교류역량과 다문화 경영이 기업 경영성과에 미치는 영향
임병학 외 | 부산외대 경영학부

352 빈곤영유아의 발달과 적응
정익중 외 | 이화여대 사회복지학과

353 민사법질서와 인권
양천수 | 영남대 법학전문대학원

354 성년후견제도와 사회복지제도의 연계
신권철 | 서울시립대 법학전문대학원

355 한국 다문화사회의 이방인
김순양 | 영남대 행정학과

356 현대 시민사회와 소비자계약법
이병준 | 한국외대 법학전문대학원

357 개인의 사회적 정보보호를 위한 공공 정보서비스 개선 연구
장항배 | 상명대 경영학과

358 여성교육투자에 대한 교육경제학적 탐색
백일우 외 | 연세대 교육학부

359 사회적 기업과 지속가능한 지역발전
임업 외 | 연세대 도시공학과

360 다문화가정 구성원에 대한 투트랙 한국어 교육방안 연구
박시균 | 군산대 국어국문학과

361 아시아의 빈곤과 한국기업의 역할
한인수 | 충남대 경영학부

362 유치원·초등학교 연계 환경교육
박희숙 | 공주대 유아교육학과

363 비정규 고용과 사회정책
구인회 외 | 서울대 사회복지학과

364 사생활의 자유에 관한 비교법적 연구
이창현 | 서강대 법학전문대학원

365 다중융합 환경 기반의 미디어스킨을 활용한 문화콘텐츠 디자인 적용방안에 관한 연구
오문석 외 | 광운대 미디어영상학부

366 북한이탈주민 여성의 성인식 관련 기초조사
한인영 외 | 이화여대 사회복지학과

367 노인주택 파노라마
유선종 | 건국대 부동산학과

368 시설보호 청년의 적응
정선욱 | 덕성여대 사회복지학과

369 다수 집단과 소수 집단의 심리
김혜숙 | 아주대 심리학과

370 바이오 휴머니티
권택영 | 경희대 영어학부

371 프랑스 다문화교육의 이해
이경수 | 상명대 불어교육과

372 한·중 서비스산업의 비교분석과 교역 확대 방안
김상호 | 리츠메이칸 아시아태평양대 국제경영학부

373 현대의학에 있어서 생명의 시간과 인간의 존엄
김학태 | 한국외대 법학전문대학원

374 0~3세 영유아의 영상물 과몰입 실태조사 및 정신건강증진 프로그램 개발과 적용
이경숙 | 한신대 재활학과

375 복지국가의 조세와 정치
양재진 외 | 연세대 행정학과

376 청소년기 자살행위 실태와 관련 요인
박선희 | 경희대 간호과학대학

377 기술혁신에 따른 지역 간 정보격차
최정혜 외 | 연세대 경영대학

378 한국 사회의 이중구조와 생애주기적 불평등
안상훈 편 | 서울대 사회복지학과

379 소비자의 친환경행동에 영향을 미치는 사회적·경제적 가치에 대한 고찰
송재기 | 텍사스테크대 경영학과

380 어머니 양육행동 관련 변인들과 유아 사회정서행동 간의 구조모형 분석
심숙영 | 숙명여대 원격대학원

381 조선족 여성, 동남아시아 여성 그리고 새터민의 적응 유형 분석 및 삶의 질 향상 방안 모색
정태연 | 중앙대 심리학과

382 세계의 연금, 한국의 연금
허만형 | 중앙대 공공인재학부

383 노인요양원과 문화 변화
최재성 | 연세대 사회복지학과

384 시민사회와 국제개발협력
손혁상 | 경희대 공공대학원

385 복지국가의 변화와 빈곤정책
김윤태 | 고려대 사회학과

386 다문화가정의 미디어 이용과 사회적 자본의 관계
진창현 | 경기대 경영학과

아 | 산 | 재 | 단 | 연 | 구 | 보 | 고 | 서

1 한국인의 도덕성 연구
배해수 | 고려대 국문학과

2 산업화와 청소년 진로
이원호 | 울산대 교육학과

3 공동체의식과 시민운동
김영섭 | 한양대 행정학과

4 한국청년의 삶의 의미 충족도와 만족적 태도
안정수 | 경희대 철학과

5 중국조선족의 사회발전과 한·중관계의 위상
손장권 | 고려대 사회학과

6 해송림 "솔껍질깍지벌레"의 천적 및 주요 종의 생태
김규진 | 전남대 농생물학과

7 사회정의와 실천윤리
박종대 | 서강대 철학과

8 동구개혁의 영향
김달중 | 연세대 정치외교학과

9 한국청소년의 의식세계
김문조 | 고려대 사회학과

10 고강도 철근 콘크리트 구조의 실용화
정헌수 | 중앙대 건축학과

11 신기술의 연관형태 및 출현예측의 구조모형
권철신 | 성균관대 산업공학과

12 민간기업의 연구개발을 위한 조세정책
권영훈 | 한양대 경제학부

13 기술개발 활성화방안
송승구 | 울산대 화학공학부

14 부패의 현상과 진단
이문조 | 영남대 정치외교학부

15 연구투자의 지역적 편중화와 부산지역의 기초과학연구 활성화방안
윤웅찬 | 부산대 화학과

16 GATT의 신구 덤핑방지협정과 그 대응방안
전창원 | 동국대 무역학과

17 한국사회의 도덕성 제고를 위한 진단과 처방
황경식 | 서울대 철학과

18 새로운 노사관계 방향
이진규 외 | 고려대 경영학과

19 21세기 동북아 정세예측과 한국의 전략적 대응방안
최평길 외 | 연세대 행정학과

20 소련의 한국에 대한 정책목표분석
신승권 | 한양대 정치외교학과

21 메모리 커패시터용 $Pb(Zr_xTi_{1-x})O_3$ 강유전체 박막의 제작과 특성
장지근 외 | 단국대 전자공학과

22 러시아 국제법학의 전통
김용구 | 서울대 외교학과

23 유럽연합의 현황과 전망
김동현 외 | 성균관대 행정학과

24 중국의 정치동원
송영우 외 | 건국대 정치외교학과

25 산업적 활용을 위한 이동로보트 시스템의 개발
박민용 외 | 연세대 전자공학과

26 중국조선족의 정치사회화과정과 동화적 국민통합의 방향
전인영 외 | 이화여대 사회생활학과

27 공적부조의 이론과 실제
최일섭 외 | 서울대 사회복지학과

28 대외통상환경의 변화와 법제개편
서헌제 | 중앙대 법학과

29 기업금융의 국제화
최생림 | 한양대 경영학부

30 자동차부품공업의 노사관계
김호진 외 | 고려대 행정학과

31 산업화 과정에서의 한국가족의 실태와 전망
정창수 외 | 성균관대 사회학과

32 공무원 가치관 실태와 정립방안
배병룡 외 | 경상대 행정학과

33 해외귀국청소년의 국내적응연구
이장영 | 국민대 사회학과

34 초고속정보통신망에서 LAN서비스 제공방안
이재용 | 연세대 전자공학과

35 WTO체제의 정책적 대응
김병진 외 | 경희대 행정학과

36 유럽의 통합정치
최수경 외 | 충남대 정치외교학과

37 유기질폐기물을 이용한 고단백사료원인 조류의 생산공정
최정우 외 | 서강대 화학공학과

38 초고속정보통신망의 수용성과 정책방향
박영상 외 | 한양대 신문방송학과

39 중국의 강남사회와 한중교섭
조영록 외 | 동국대 사학과

40 세계화시대의 사회 · 문화의식
신행철 외 | 제주대 사회학과

41 국내 외국인 노동자의 문제와 대책
성규탁 외 | 연세대 사회복지학과

42 노인인력 활용정책과 프로그램
김정후 외 | 강원대 법과대학

43 한일간 학술교류 현황과 활성화방안
정홍익 외 | 서울대 행정대학원

44 계량모형에 의한 한일 경제관계의 이해
김명직 외 | 한양대 경제학부

45 직장인의 음주행태와 삶의 질
진기남 외 | 연세대 보건행정학과

46 유통정보 시스템의 구조와 설계
정용길 | 충남대 경영학과

47 남북통일 이후 사회통합을 위한 교육의 역할
안기성 외 | 고려대 교육학과

48 대중음악에 심취한 청소년들의 심리적 특성
김인경 외 | 연세대 인간행동연구소

49 멀티미디어 시스템을 활용한 교육환경의 개선방안
김한일 | 제주대 컴퓨터교육학과

50 탈냉전기 한일관계의 쟁점
최상룡 | 고려대 정치외교학과

51 자치시대 새로운 '삶의 질' 지표의 모색
김형기 외 | 경북대 경제통상학부

52 유럽통합의 역내외 협력과 갈등
이호재 외 | 고려대 정치외교학과

53 21세기를 대비한 신노사관계
김재원 | 한양대 경제학부

54 대학의 시간제학생 등록제
안규철 외 | 전남대 교육학과

55 21세기에 대비한 방송통신정책
한진만 외 | 강원대 신문방송학과

56 주민참여를 통한 혐오시설 관리운영방안
박균성 외 | 경희대 법학부

57 여성의 정치적 권리인식과 정치참여
전경옥 외 | 숙명여대 정치외교학과

58 한국인 위장질환과 식생활 · 환경요인 및 *H. pylori* 감염과의 관계
이양자 외 | 연세대 식품영양학과

59 학생과 시민의 자원봉사활동
윤정일 외 | 서울대 교육학과

60 동북아 환경문제와 지역환경협력의 모색
신연재 외 | 울산대 정치외교학과

61 노인 자원봉사활동을 통한 사회통합 프로그램 개발
김동배 | 연세대 사회복지학과

62 물류정보 시스템
김태현 | 연세대 경영학과

63 전자식 문서교환을 이용한 항공화물 운송체계
민재형 | 서강대 경영학과

64 청소년과 성
이근후 | 이화여대 의과대학

65 민족통합과 무궁화호 위성의 남북한 공동활용방안
방정배 | 성균관대 신문방송학과

66 채식주의가 20대 여성의 영양상태와 에스트로겐 대사에 미치는 영향
성미경 | 숙명여대 식품영양학과

67 가상정보공간을 통한 지역개발 활성화 전략
유재천 외 | 한림대 언론정보학부

68 조산아 관리현황 및 정책수립 방안
박상기 외 | 조선대 의과대학

69 남북한관의 의식조사와 통일교육 개선방안
김동규 외 | 고려대 북한학과

70 동양 전통 자연사상 탐구
장동순 | 충남대 환경공학과

71 초고속정보망의 시뮬레이터 구현
한기준 | 경북대 컴퓨터공학과

72 유통원가 시스템의 유효성
정다미 | 명지대 경영학과

73 국악과 문화관광의 만남
정익준 외 | 동아대 국제관광통상학부

74 기업의 지식경영 활용사례
김창은 | 명지대 산업공학과

75 선진국과 한국의 직업교육 · 훈련제도의 특성과 한계
정주연 | 고려대 경제학과

76 제주지역 성인 여성의 자원봉사활동
이상철 외 | 제주대 사회학과

77 M&A와 문화충돌 관리
박원우 | 서울대 경영학과

78 폐금속광산 인근 주민들의 중금속 오염실태
정종학 외 | 영남대 의학과

79 북한 농촌 · 농업실태와 인력자원개발 시스템을 통한 북한 농민의 구호방안
박성열 | 건국대 교육공학과

80 중소 소매점의 경쟁력과 소매성과
채명수 외 | 한국외대 무역학과

81 고령자를 위한 쾌적한 실내온도와 착의량의 설정
정운선 | 안동대 의류학과

82 지역문화 이벤트 PR
박종민 | 경희대 언론정보학부

83 인터넷 지역정보화의 실태와 전략
유평준 외 | 연세대 행정학과

84 여성 삶의 질 향상을 위한 사회교육 활성화 방안
김양희 | 중앙대 가족복지학과

85 벤처기업과 벤처금융
강대석 외 | 충남대 무역학과

86 구조조정기에 있어서 실업대책과 사회안전망 구축
박천익 | 대구대 경제학과

87 한국 유아의 조기교육
이명조 외 | 한국외대 교육대학원

88 남북한 경제공동체 형성전략
이상만 | 중앙대 경제학과

89 지방자치회계의 투명성과 주민의 알 권리
권찬태 외 | 경북대 경영학부

90 정치지도자의 정책리더십
이해영 | 경일대 행정학과

91 경제위기와 한국인의 복지의식
신광영 외 | 중앙대 사회학과

92 북한의 노동
김강식 | 한국항공대 경영학과

93 우리나라 중소기업의 정보기술 활용 현황과 경쟁력 강화를 위한 제안
정승호 | 부산외대 정보시스템학과

94 인간배아복제의 법적 · 윤리적 문제점과 그 해결방안
최병규 | 한경대 법학부

95 가치변화에 따른 투표행태
조찬래 외 | 충남대 정치외교학과

96 인터넷 경매에서의 계약체결과 소비자보호
이기수 외 | 고려대 법과대학

97 세계화시대 남북한 통합의 방향과 과제
윤민재 | 서울대 사회발전연구소

98 글로벌 시대 지방정부의 문화마케팅 전략
박흥식 | 중앙대 행정학과

99 대졸여성실업의 실태분석 및 대학-노동 시장 간 효율적 연계방안
이은우 외 | 울산대 사회과학부

100 그린 투어리즘의 분석
이응진 | 대구대 관광학부

101 지방자치단체장의 부정부패
오일환 | 한양대 아태지역연구센터

102 산업화가 유교체제하 중국여성의 지위에 미친 영향
천성림 | 배재대 사회과학연구소

103 움직이는 말하기
유혜숙 외 | 나사렛대 교양학부

104 장애학생을 위한 특수교육공학의 활용
김용욱 | 대구대 중등특수교육과

105 지식기반사회의 평생교육 이해와 평생교육 프로그램 개발
박성열 | 건국대 교육공학과

106 N세대의 미술교육
김동철 | 대구교육대 미술교육학과

107 노후계획과 투자
권택호 | 여수대 국제통상학과

108 영화산업
양영철 | 경성대 연극영화학부

109 동유럽의 변혁과 언론의 역활
정대수 | 경남대 정치언론학부

110 환율, 임금, 물가가 국제경쟁력 및 수출입산업에 미치는 영향
하인봉 | 경북대 경제통상학부

111 일본기업의 기술혁신 전략
위정현 | 중앙대 상경학부

112 노후보장정책과 역저당연금제도
조덕호 외 | 대구대 행정학과

113 유비쿼터스 라이프와 미래 사회
김석수 | 한남대 멀티미디어공학과

114 죽음과 관련된 생명윤리적 문제들
구인회 | 가톨릭의과대 인문사회과학교실

115 경제적 세계화와 빈곤문제, 그리고 국가
김준현 | 한일장신대 인문사회과학부

116 한국의 세계불교유산
김종명 | 한국학중앙연구원 한국학대학원

117 복지레저서비스론
고태규 | 한림대 국제학부

118 자생적 철학체계로서 인간중심철학
선우현 | 청주교대 윤리교육과

119 전략적 통합과 한반도 평화체제
김승채 | 고려대 정책대학원

120 환경사법론
전경운 | 경희대 법학부

121 인터넷 자료를 통해 본 한국의 이혼 문화와 사회복지
성정현 외 | 협성대 사회복지학과

122 유럽연합의 사회정책에 관한 연구
문진영 | 서강대 신학대학원 사회복지학과

123 여성건강의 통합적 관점
김혜원 | 관동대 간호학과

124 복잡계 네트워크 과학
강병남 | 서울대 물리천문학부

125 경제적인 3세대 전원주택 개발
박근준 | 호서대 건축공학과

126 사회복지와 인적자원개발
이상일 | 인제대 국제경상학부